Trastorno por Déficit de Atención e Hiperactividad

Trastorno por Déficit de Atención e Hiperactividad

soluciones sin medicamentos

Miguel Ángel Pineda

TÍTULO DE LA OBRA: *Trastorno por Déficit de Atención e Hiperactividad. soluciones sin medicamentos*

COORDINACIÓN EDITORIAL: Gilda Moreno Manzur
DIAGRAMACIÓN: Abigail Velasco
PORTADA: Víctor Gally

© 2016 Editorial Pax México, Librería Carlos Cesarman, S.A.
Av. Cuauhtémoc 1430
Col. Santa Cruz Atoyac
México DF 03310
Tel. 5605 7677
Fax 5605 7600
www.editorialpax.com

Primera edición
ISBN 978-607-9346-95-9
Reservados todos los derechos

ÍNDICE

INTRODUCCIÓN

El problema de las personas y los países es la pereza para encontrar las salidas y las soluciones. Sin crisis no hay desafíos, sin desafíos la vida es una rutina, una lenta agonía. Sin crisis no hay méritos. Es en la crisis donde aflora lo mejor de cada uno, porque en crisis todo viento es caricia.

Albert Einstein

Durante 2008 y 2009, una crisis en mi negocio y en mi vida me llevó a descubrir nuevas facetas y a conectar con propuestas para superar los problemas de los niños, los jóvenes, las familias y la educación en general. Ahora sé que hay soluciones muy interesantes y deseo compartirlas. Confío en que con este libro el lector pueda ver esas soluciones, esos caminos que claramente puedo ver.

Todo comenzó cuando la crisis de mi negocio y la personal hicieron mella en mi salud. De pronto me encontré con dolores de espalda baja que se agudizaron y se expandieron por toda la pierna izquierda. Primero me apoyé, sin éxito, en la medicina tradicional. Por fortuna, cuando estaba a punto de ser intervenido quirúrgicamente para resolver mi problema de la columna, una amiga nos llevó a mi esposa y a mí con un gran terapeuta holístico, quien puso empeño en transformar mi vida y de esta manera solucionó mi problema de salud. Gracias a él, entendí cómo muchas enfermedades y dolencias provienen de una falta de equilibrio en lo mental, lo emocional y lo espiritual.

En este proceso, mi mente en extremo racional se vio inmersa en cursos y talleres holísticos, y en leer una buena cantidad de libros para entender cómo es que una persona podía sanar sus enfermedades físicas con terapias alternativas. Aunque lo había vivido en carne propia, en un principio mi mente racional se resistía a entender que estas terapias funcionaran en tantos y tan complicados padecimientos. Sin embargo, al final logré comprenderlo cabalmente.

En esos talleres frecuentemente se nos invitaba a dar servicio a los demás. Eso es algo que mi esposa y yo queríamos hacer desde años atrás, pero siempre, por una u otra razón, terminábamos por no hacerlo. En uno de esos talleres me convencí de que era el momento adecuado para comenzar a dar servicio, pero no sabía por dónde empezar. Para guiarme, leí sobre el tema de la misión o el propósito y así encontré recomendaciones interesantes para conectar con un propósito superior, es decir, una misión verdaderamente importante en la vida. Una de esas recomendaciones consistía en intentar conectar con mi Espíritu o Ser Superior a través de los sueños y pedirle que me ayudara a encontrar la forma de dar servicio.

Empecé a hacer todo lo necesario para lograrlo, día tras día, semana a semana, pero solo había confusión y ningún mensaje claro. Por ello, decidí hacer a un lado la idea de los sueños, y confié en que la misión llegaría a mi vida de una u otra forma.

Un domingo en la madrugada, mientras estaba de descanso en un hotel al que iba seguido con mi familia, recibí un mensaje cuando dormía: "Haz materiales para niños". En ese momento me desperté e intenté comprender lo que había sucedido. Después pregunté: "¿Es esta la misión que estaba buscando?" La respuesta fue un sonoro "Sí". Como aún estaba adormilado, no podía entender bien qué había pasado y me quedé dormido de nuevo.

A la mañana siguiente le comenté a mi esposa lo sucedido: al parecer, ya tenía una misión. No obstante, la mente racional es dura y de inmediato empezó a hacerme dudar con ideas como que había sido solo un sueño o que ya tenía suficientes ocupaciones como para ocuparme en algo más.

Afortunadamente, cuando estás en un proceso de búsqueda como en el que yo estuve, ocurren "casualidades", mejor llamadas actos sincrónicos. Así fue como más adelante recibí un par de mensajes directos que confirmaron la misión asignada en aquel sueño.

A partir de ese momento viví varias semanas con gran ansiedad. No sabía por dónde empezar; ¿materiales para qué?, ¿por qué me llegaba esta misión si yo no estaba involucrado en la educación?, ¿qué podían necesitar los niños de mí?

A veces recordaba cómo en mi juventud sentía una especial fascinación por ayudar a algunos niños, pero eso era algo que había dejado atrás hacía ya muchos años y no sabía cómo retomarlo.

Recordé entonces la existencia de Frecuencias de Luz, un sitio de Internet de apoyo espiritual al que había llegado tres meses antes de aquel sueño. Como no tenía idea de por dónde empezar a trabajar con mi misión, pedí ayuda a amigos y contactos que para entonces ya tenía allí. Así fue como alguien me dio los datos de Pedagooogía 3000, un proyecto encargado de impulsar una nueva propuesta de educación a nivel mundial. María Fernanda Carolo, una mujer maravillosa, se ofreció a hacerme una consulta gratuita para aclarar en qué consistía esa misión, y a la semana recibí un mensaje completo que me ayudó mucho: no se trataba tanto de los materiales, aunque éstos eran importantes, sino de poner mi energía y mi corazón disponibles para ayudar a los niños y sus familias.

Mostré el mensaje recibido a mi terapeuta y él me apoyó, explicándome lo que había hecho en su centro de terapias años atrás para ayudar a niños con problemas y me contactó con mis primeros pacientes.

Me di cuenta de que había niños con problemas para aprobar sus materias y que existían métodos diferentes a los tradicionales para ayudarlos a superar dichos problemas, ya que el método de repasar las materias una y otra vez no era lo más moderno ni lo más efectivo.

Así supe también de la existencia de un problema conocido como trastorno por déficit de atención con hiperactividad (TDAH). En octubre de 2010, contacté con Noemí Paymal, de Pedagooogía 3000, con tan buena fortuna que ella venía para México a dar algunas conferencias y capacitaciones, y tenía aún tiempo disponible para acudir a más ciudades, así que pronto nos pusimos de acuerdo para traerla desde La Paz, Bolivia, a Los Mochis, Sinaloa, a dar una conferencia y un taller sobre los niños de hoy y la nueva educación. También en esa fecha empezamos a experimentar con un taller para niños con TDAH.

De allí en adelante todo ha sido investigar, experimentar, aprender, compartir, unir piezas y entender qué es lo que pasa con los niños, los jóvenes y sus familias. Agradezco infinitamente a todas las personas que me acompañaron en mi proceso de aprendizaje inicial, en especial a Saúl y Rubí.

El objetivo de este libro es llevar luz y amor a dondequiera que haya un niño o un joven al que se le ha diagnosticado TDAH, así como algunos otros padecimientos.

Hoy día hay tanta desinformación que la mayoría de los padres y los maestros creen firmemente que el TDAH es una enfermedad que requiere el uso de medicamentos y que no hay otra forma de atenderlo. Allí es donde hay que poner luz y amor porque no podemos permitir que el problema siga creciendo aceleradamente y tampoco podemos permitir que la sociedad se acostumbre a ver como normal que tantos niños sean atendidos con medicamentos de uso controlado.

No pretendo ofrecer una verdad absoluta sobre el problema del TDAH. Ofrezco con humildad lo que he aprendido en estos años con la esperanza de que los padres, los profesionales de la educación y de la conducta reciban algo más de información y así puedan ayudar mejor a nuestros niños y jóvenes.

CAPÍTULO I

¿QUÉ ES EL TRASTORNO POR DÉFICIT DE ATENCIÓN CON HIPERACTIVIDAD (TDAH)?

*Estamos en plena cultura del envase. El contrato de matrimonio
importa más que el amor, el funeral más que el muerto,
la ropa más que el cuerpo y la misa más que Dios.*
Eduardo Galeano

En el mundo en general se percibe que el TDAH es un trastorno, un desorden o incluso una enfermedad. Sin embargo, si nos acostumbramos a verlo de esta manera, muy probablemente desearemos llevar a nuestro hijo con un especialista para que "lo arregle", tal como llevaríamos nuestro auto a un taller mecánico. La realidad es que el TDAH es *un problema de nuestra sociedad*, ésa es la mejor manera de definirlo. Por ello, la solución adecuada implica trabajar no solo con nuestros hijos, en nuestros hogares y escuelas, sino hacer un cambio estructural en la sociedad en su conjunto, como lo demostraremos a lo largo de este libro.

EL CRECIMIENTO EXPLOSIVO DEL TDAH A NIVEL MUNDIAL

Si a tu hijo le han diagnosticado TDAH y lo llevas con un psiquiatra, lo más probable es que te diga que está enfermo o tiene un desorden en el cerebro y que, debido a ello, requiere ser medicado. Otra posibilidad es que el psiquiatra sea más específico y te diga que el niño tiene problemas en el lóbulo frontal o en los lóbulos prefrontales o que presenta un desequilibrio en algunas sustancias químicas del cerebro llamadas neurotransmisores (dopamina y noradrenalina). Entre otras cosas, te explicarán que el lóbulo frontal es el encargado del control de los impulsos, el razonamiento, la memoria de corto plazo, la planificación, el control del movimiento y las emociones. Y, como cada año se sabe más del cerebro, sus funciones, las interacciones entre las diferentes áreas y el funcionamiento de los neurotransmisores, seguramente la explicación médica del TDAH será cada vez más sofisticada.

En mi visión de las cosas, el funcionamiento distinto del lóbulo frontal en los pacientes con TDAH es una causa subyacente, no la principal. Fui curado de enfermedades físicas con terapias alternativas, así que para mí es fácil comprender que hay causas emocionales para muchos problemas. Conozco excelentes terapias y terapeutas que han dado resultados formidables en casos de hipertensión, diabetes, problemas digestivos, migraña, depresión, lupus, cáncer, entre otros. Estas terapias trabajan sobre todo en restablecer el equilibrio de energía de la persona y en liberar las emociones. Más adelante hablaremos en detalle de lo que, en mi experiencia, puede detonar el TDAH.

Hay quienes afirman que el problema del TDAH no ha crecido, sino que ahora las regulaciones hacen que los niños que lo presentan sean detectados y atendidos de forma adecuada, lo cual provoca que aparentemente haya más casos. Otros consideran incluso que el TDAH es solo una moda que pasará pronto. Sin embargo, es un hecho que el TDAH ha crecido de manera explosiva a nivel mundial, y no respeta condición económica, países o regiones. Es posible encontrarlo en una gran ciudad o en un pueblo pequeño, en un niño mexicano o en un niño argentino, en una familia adinerada o en una familia de escasos recursos.

En décadas anteriores la incidencia del TDAH era mucho menor. Las estadísticas indican que ahora el problema se presenta en entre 5% y 8% de los niños. Esto implica que en un salón de clase de 20 alumnos hay por lo menos un niño con TDAH, y que en un salón de 40 niños puede haber hasta tres. Por tanto, es difícil que un salón de clase esté exento de este problema. Por otro lado, no es común que en un salón de clase haya cinco o más niños diagnosticados con TDAH, como puede verse en algunas escuelas. Y tampoco lo es que aceptemos que muchos niños estén viviendo como autómatas bajo el influjo de psicofármacos porque queremos mantenerlos calmados.

Efectivamente, existen más casos de TDAH que antes. Hoy en día son muchos los padres que están batallando lo indecible para educar a sus hijos y un alto porcentaje de maestros terminan sus jornadas de trabajo extenuados por el comportamiento incontrolable de sus alumnos.

¿Qué es lo que ha ocurrido?, ¿cuáles son las causas de esto?, ¿son los cambios en el hogar?, ¿es la alimentación que reciben los niños?, ¿las toxinas del medio ambiente?, ¿las ondas electromagnéticas de las computadoras y celulares?, ¿el sistema educativo?, ¿es que la humanidad está evolucionando y los niños de ahora son distintos a los de antes?

Debe haber varias causas o una sola. Cabe recalcar que la falta de atención y concentración, la hiperactividad, la impulsividad, la agresividad y otros problemas de los niños son solo síntomas, por lo que es necesario encontrar las verdaderas causas. Si estas se identifican, podremos trabajar como sociedad en la prevención del TDAH. Para ello, urge que los maestros, padres, psicólogos, psicopedagogos, pediatras y otros profesionales de la salud abran los ojos.

Cómo se define el Trastorno por Déficit de Atención con Hiperactividad (TDAH)

El TDAH engloba tres problemas: trastorno por déficit de atención, trastorno de hiperactividad y la combinación de ambos. Otros problemas que relacionan con el TDAH son la impulsividad y la agresividad.

A continuación explicaremos estos términos de manera sencilla, de modo que cualquier lector pueda comprenderlos.

El déficit de atención se presenta cuando el niño no es capaz de mantener la atención o concentración en las tareas que le son encomendadas. En caso de que no presente hiperactividad, el déficit de atención suele ser detectado inicialmente cuando el niño no responde a lo que se le pregunta, cuando no termina las actividades que se le asignan o se distrae con facilidad. También suele detectarse de manera más tardía en el momento en que se presenta una baja de calificaciones en la escuela.

La hiperactividad es más sencilla de detectar: el niño está en constante movimiento, es como un pequeño volcán a punto de hacer erupción y no le es fácil mantenerse quieto ya sea en su pupitre o en cualquier lugar. Un niño con hiperactividad puede presentar bajas calificaciones, pero también puede tener calificaciones regulares o incluso sobresalientes. En tal caso, el problema en lo escolar será la conducta que afecta el orden del grupo.

Un niño puede presentar déficit de atención, hiperactividad, impulsividad e incluso agresividad. Existen definiciones técnicas para estos términos, así como descripciones de las características típicas de los niños con estos problemas. Tales definiciones y características pueden encontrarse con facilidad en Internet.

Si bien hay otros problemas que cada año se presentan con mayor frecuencia en los niños como el autismo, los trastornos del habla y las ausencias o episodios convulsivos, además de problemas físicos o genéticos, el desarrollo de este libro se enfoca únicamente en el TDAH y no tiene como finalidad cubrir otros problemas de la niñez. Por otro lado, aunque la problemática del TDAH se puede extender a la adolescencia, la juventud y aún más allá, en esta obra nos enfocaremos principalmente en la etapa infantil. Esto se debe a que es en la educación primaria donde el problema hace despertar a los padres a una dura realidad, cuando se presentan bajas calificaciones, mal comportamiento en el salón de clase y reportes de los maestros.

¿En verdad son niños enfermos?

En mis talleres he atendido a niños diagnosticados con TDAH y medicados, en tanto otros llegan simplemente catalogados como con TDAH pero no están diagnosticados. En algunos casos, los niños llegan medicados porque las autoridades escolares así lo exigen a los padres, es decir, es un requisito para ingresar al salón de clase. El hecho de que los maestros, directores y encargados de educación especial exijan a los padres medicar a los niños de manera acelerada es un indicativo de lo mal que están las cosas en cuanto a la atención de nuestra niñez. Las autoridades escolares lo hacen porque afrontan grandes dificultades con los niños que presentan TDAH, por lo que corresponde a los padres de familia y a la sociedad en general hacer algo para cambiar el estado de cosas y dejar de empujar a los niños hacia la rápida medicación.

La psiquiatría maneja los términos *trastorno, desorden, síndrome* y *enfermedad* en relación con el TDAH. Al parecer, para esta disciplina lo mejor es considerar el TDAH como una enfermedad, ya que de esa forma se justifica plenamente la medicación. Contrario a esto, yo me resisto a aceptar que los niños TDAH sean tratados como enfermos, porque cuando trato con ellos puedo ver que se trata de niños sanos que simplemente se han salido de su balance normal debido a una o varias causas que mencionaremos más adelante.

Si por un momento pudieras entrar al cuerpo, mente y alma
de tu hijo medicado por TDAH,
si por cinco minutos pudieras experimentar,
sentir, lo que él siente, sabrías de la urgente necesidad
de cambiar el actual estado de cosas.

Anónimo

El desbalance en estos niños es notorio, pero esto no implica que tengan una enfermedad. No negamos que es posible que un porcentaje menor de los niños tratados para TDAH en efecto tengan alguna enfermedad o desequilibrio neurológico, pero es claro que el manejo acelerado que usamos con esta condición dificulta detectar cuándo existen o no esas condiciones.

Es conveniente que nosotros como padres estemos conscientes de la importancia de definir el TDAH como una enfermedad o no. Para ello, observemos si nos sentimos bien al hacer las siguientes afirmaciones:

Mi hijo tiene una enfermedad mental. Mi hijo tiene un trastorno mental. Mi hijo tiene un desorden mental. Mi hijo tiene un síndrome mental. La respuesta es clara: no nos sentimos bien.

Entonces, cuando hablemos de TDAH, hay que tomar en cuenta que el término se refiere a un problema que está experimentando nuestra niñez, pero que no se trata de una enfermedad, trastorno, desorden o síndrome. Por ello, pido disculpas por manejar los términos TDAH y *niños* TDAH en el resto del libro. Al hacerlo, no trato de decir que los niños sean eso, más bien me refiero al problema que estamos buscando resolver, a la serie de síntomas que han sido clasificados bajo ese concepto.

¿QUIÉNES SUFREN CON EL TDAH?

El problema del TDAH debe abordarse de forma humana, amorosa y compasiva; solo así podremos trabajar en la prevención y buscar soluciones alternas a la medicación. Una manera de hacerlo es preguntarse quién o quiénes sufren cuando hay un niño con el comportamiento característico del TDAH. La respuesta es que, en primer lugar, sufre el niño mismo, quien es etiquetado, estigmatizado, regañado, castigado, dañado en su autoestima y a veces hasta golpeado, lo que le ocasiona nuevos problemas de tipo emocional que podemos detectar a través de las herramientas de diagnóstico. Esto es algo que jamás deberán perder de vista los padres o maestros.

En segundo lugar, sufren los padres, quienes reciben constantes reportes y llamadas de atención de parte de los maestros, además de que se enfrentan con el comportamiento inadecuado del niño, quien manifiesta enojo, silencio, desobediencia, incluso insultos o golpes. Esto lleva a los padres a un alto nivel de estrés, que aumenta así el nivel que ya tengan a causa del trabajo u otros factores. Por otra parte, los padres suelen sentir impotencia al no saber qué hacer con el niño o cómo encauzarlo adecuadamente, o bien, pueden sentir culpa y otras emociones que afectan la estabilidad personal y del hogar.

En tercer lugar, sufren los maestros, los cuales tienen que llegar cada día con la pila recargada para terminar la jornada laboral sumamente agotados por la dificultad que representa controlar un salón de clase con varios niños tratados como TDAH. Esto los lleva a realizar su trabajo bajo un estrés constante.

Otros afectados por el TDAH son los familiares de los niños, especialmente los hermanos, quienes son testigos de escenas complicadas en el hogar. Por último, son afectadas las empresas donde laboran los padres de los niños, ya que éstos suelen llegar estresados a sus fuentes de trabajo y pueden tener bajas en su nivel de productividad. Por lo anterior, es claro que el problema del TDAH y su actual manejo están afectando a la sociedad en su conjunto.

¿Es posible eliminar el sufrimiento alrededor del TDAH?

Yo creo que sí, y también creo que no se necesita medicar a tantos niños. Más bien, se requiere mejorar el trabajo conjunto de padres, maestros y niños. De este modo es posible formar un triángulo armónico que prevenga y solucione el problema. Los niños pueden ser ayudados con técnicas sencillas, con una comprensión y atención adecuadas, pero también al poner en práctica nuevos métodos educativos.

Es posible capacitar a los padres de estos niños e informarlos qué ocurre a nivel mundial en relación con el TDAH, qué fallas en el hogar pueden detonarlo y cómo pueden desarrollar una autoridad efectiva para evitarlo.

Es posible capacitar a los maestros y darles a conocer por qué los nuevos alumnos son diferentes a los de antes, cuál es la mejor forma de educarlos y cuál es la manera de relacionarse mejor con los padres. Para ello, padres y maestros deben apoyarse, en lugar de criticarse mutuamente.

Los psicólogos, los psiquiatras, los neurólogos y los terapeutas pueden ayudar a formar un grupo multidisciplinario de apoyo, pero la base de la solución está en los padres y los maestros. Por ejemplo, son estos últimos los que pueden tomar la batuta del cambio en la dinámica de la relación entre padres y docentes, ya que forman un ejército de salvación en cada país y gozan del respeto de la sociedad. Una manera de hacerlo es mediante la organización de cursos y talleres para padres en las instalaciones de la escuela, los cuales funcionarán como herramientas de prevención. Las escuelas que capaciten a los padres de maneras innovadoras tendrán menores índices de TDAH, echando abajo la premisa médica de que la causa del TDAH es predominantemente genética. Por su parte, las empresas pueden ayudar a sus empleados a solucionar la problemática, apoyándolos para que tomen la capacitación necesaria y brindándoles los tiempos adecuados para que, como padres, puedan retomar el control de la situación.

LOS NIÑOS SON DIFERENTES Y LA SOCIEDAD NO ES ADECUADA PARA ELLOS

Los niños de hoy son diferentes y requieren una educación diferente, tanto en el hogar como en la escuela. Cuando esto no ocurre, es muy probable que se desarrolle TDAH. De hecho, si este problema se atendiera a tiempo, se resolvería rápidamente en la mayoría de los casos. Sin embargo, como por lo general no se tienen las herramientas adecuadas para actuar, el problema se alarga, se agrava y no se llega a solución alguna.

En su libro *El don del cambio,* Marianne Williamson (Williamson, 2005) describe muy bien el entorno donde se está generando una explosión de casos de niños con TDAH: un entorno donde hay grandes tasas de obesidad infantil, y el *bullying* y el autismo crecen de manera impresionante, por mencionar solo algunas disfuncionalidades del mundo actual.

Cualquiera que vea la situación en la que se encuentra el mundo en la actualidad se dará cuenta de que se requiere algo radicalmente nuevo en quiénes somos como especie y en la forma de relacionarnos unos con otros y con el mundo en sí mismo. Sin embargo, las bases psicológicas que sostienen en su lugar a este mundo disfuncional son como vacas sagradas, nos da miedo tocarlas por temor a que nos ocurra algo malo si lo hacemos. De hecho, algo malo nos ocurrirá si no lo hacemos. Es tiempo de cambiar. Es tiempo de hacer lo que en nuestros corazones sabemos que nacimos para hacer.

La sociedad está de cabeza y ésa es una realidad insoslayable. A continuación mencionamos diversos problemas que ilustran esta situación:

- Muchos divorcios y familias con problemas; padres y madres con depresiones y grandes problemas emocionales, así como con enfermedades graves.

- Niños que se quedan solos en sus casas por las tardes, sin nadie que los guíe.

- Madres que se han quedado a cargo de los hijos y deben salir a trabajar, por lo que su única alternativa es dejar a los niños con familiares o solos.

- Padres que regresan a casa cansados de su trabajo y dedican poco tiempo a sus hijos. La electrónica que, en forma de televisión, videojuego o computadora, se ha convertido en la niñera.

- Los niños que no tienen normas, ni horarios para sus comidas o para dormir.

- Escaso contacto entre padres e hijos durante la semana, así que estos últimos no tienen un modelo del cual recibir una educación moral y espiritual en el día a día.

- Algunos padres que, a través de sus hijos, tratan de realizar los sueños que ellos no pudieron cumplir, por lo que los llenan de actividades extraescolares y les generan sentimientos de frustración, enojo, tristeza, rechazo.

- El modelo de alimentación que se ha transformado drásticamente en las últimas décadas: hay preferencia por la comida rápida, exceso de azúcares, harinas refinadas, sal refinada, aceites procesados, ingredientes artificiales, conservadores y muchos errores más en el campo de la alimentación que favorecen la obesidad, las enfermedades y problemas como el TDAH.

- El medio ambiente que está lleno de toxinas que llegan a nosotros en el aire que respiramos, en el agua que usamos, en la comida, en los productos de belleza, etcétera.

- El narcomenudeo que ha establecido una estrategia que busca atrapar a los niños desde las escuelas, pues conoce los problemas por los que pasan y se aprovecha de situaciones como el descontento, la desinformación y la falta de preparación moral y espiritual.

- Las colonias o fraccionamientos y las ciudades que han sido enfocadas en los automóviles más que en los seres humanos, por lo que hay pocos lugares donde los niños pueden jugar, caminar largas distancias, divertirse en contacto con la naturaleza y ejercitarse.

- Las empresas que están centradas en la productividad, en los procesos, en la mejora continua y en la rentabilidad, pero no saben los problemas por los que pasan sus empleados, no conocen la realidad que viven los hijos de los empleados, no se preocupan por eliminar el estrés en el personal o porque sus empleados tengan hogares armónicos y que vivan en entornos amables.

Ante todo este panorama, el TDAH crece año con año y la puerta fácil es la medicación. Todo esto afecta profundamente a los niños, es decir, los saca de balance y crea una situación tensa en los salones de clase.

¡HAY BUENAS NOTICIAS!

Una buena noticia en todo esto es que los niños diferentes a que hacemos alusión no tolerarán una sociedad disfuncional, y esta, tarde o temprano, tendrá que abrir los ojos y darse cuenta de que no puede mantener medicados, como autómatas, a sus hijos.

Estos niños son el espejo que nos muestra la realidad de la sociedad, así que mientras ellos no funcionen de forma adecuada, la sociedad tiene que cambiar.

Otra buena noticia es que el cambio social ya inició. Muchas personas están aprendiendo a ver los problemas de las familias desde una perspectiva diferente. Los padres empiezan a comprender que es más importante la estabilidad del hogar que la riqueza material y que, sin la primera, la segunda no tiene sentido. Esto hará que mejoren las dinámicas en los hogares.

Otras señales de este cambio social son:

- El surgimiento de nuevos modelos educativos que harán que padres y maestros trabajen más de la mano en favor de la niñez.

- La conciencia de que todo en el mundo está relacionado: seres humanos, animales, plantas y minerales.

- La comprensión de que nuestra salud depende de la salud del planeta.

- La conciencia ecológica que gana terreno poco a poco.

- La alimentación sana que empieza a ser adoptada en la sociedad. Incluso los gobiernos ya están dando los primeros pasos para introducirla en los planteles escolares, reduciendo o eliminando los alimentos chatarra que en ellos se ofrece.

Estos, sin duda, son los primeros pasos de una nueva humanidad.

*Trabajamos incansablemente para darles un mundo
mejor a nuestros niños; en tal afán,
descuidamos el darle mejores niños a nuestro mundo.*
Anónimo

CAPÍTULO 2
UNA NUEVA EDUCACIÓN

*Solo educadores autoritarios niegan la solidaridad entre
el acto de educar y el acto de ser educados por los educandos.*

Paulo Freire

Es difícil atender de la mejor manera el trastorno por déficit de atención con hiperactividad (TDAH) sin entender cómo son los niños de hoy y sin generar cambios de importancia en los actuales modelos educativos. Una referencia obligada para entender a los niños en la actualidad es el proyecto Pedagoooogía 3000, de la antropóloga e investigadora Noemí Paymal, radicada en La Paz, Bolivia. Por ello, con su permiso, incluyo un breve extracto del inicio de su libro *Pedagoooogía 3000*, el cual puede descargarse sin costo del sitio de Internet del proyecto, o bien, puede comprarse en línea para tenerlo físicamente y, al mismo tiempo, colaborar con ese proyecto.

> Las nuevas pautas de ser y de comportamiento de los niños, niñas y jóvenes apelan a un giro trascendental para la educación y la salud de la sociedad emergente, giro que nos concierne a todos y todas porque somos protagonistas del mismo. Es decir, corresponde a cada uno de nosotros aprehender los nuevos conceptos de cambio de era, tanto de ser como de actuar. Nos toca vivir, en lo más íntimo de nuestro ser, el entendimiento y los valores que nos permitan re-direccionar nuestra propia vida, así como reorientar el proceso de aprendizaje en la formación integral de los niños y niñas, tanto en el hogar como en el aula; proceso más apropiadamente denominado aprendizaje-aprendizaje, porque todos estamos aprendiendo en esta dinámica. Todos y todas, enseñamos y aprendemos a la vez.

> El ilustre profesor George Kühlewin describió en el año 2001:

> Desde hace unos veinte años nacen más y más niños que, en su ser y su comportamiento, se apartan de aquellos a los que están acostumbrados padres y pedagogos. Una nueva generación de almas llega a la Tierra...

niños que traen una gran madurez, que están descontentos con el mundo de los adultos y que, con un poderoso impulso espiritual, quieren transformar este mundo. Este es el suceso más importante en los tiempos actuales.

Tomado de: www.pedagooogia3000.info/web/Files/P3000_Book_Tomo_I_web.pdf, consultado el 9 de abril de 2015.

Es recomendable leer las partes I y II del libro Pedagooogía 3000 para comprender que los padres de familia, profesionales de la educación, profesionales de la conducta y personas de otras profesiones han sido testigos de la existencia de una nueva forma de ser en los niños. Seguramente esto ya ha sido identificado por muchos lectores, pero ahora es el momento de darle la importancia que tiene.

MI CONTACTO CON PEDAGOOOGÍA 3000

Tengo poco tiempo trabajando con niños de hoy, en especial niños tratados con TDAH pues, como menciono en la introducción de este libro, en 2010 inicié este proyecto personal. Desde entonces he sido testigo de lo que se menciona en *Pedagooogía 3000* y en muchas otras fuentes. He visto cómo un gran porcentaje de los niños de hoy se comportan como pequeños adultos, es decir, muchos de ellos son seres sabios que sorprenden a sus padres con sus respuestas y el alcance de sus razonamientos, y que en ocasiones incluso son capaces de dar soluciones a problemas que los adultos no podrían haber encontrado.

Tengo tres hijos grandes, el más joven de ellos de 20 años edad, así que sé cómo eran los niños nacidos en las décadas de 1980 y 1990. También tengo la fortuna de tener un pequeño maestro en casa: un niño de siete años que me ha enseñado mucho sobre la madurez de los niños de hoy y me ha demostrado de manera clara cómo el supuesto TDAH puede activarse en cuestión de semanas, cuando un niño no recibe la atención adecuada. Afortunadamente, gracias a que encontré esta misión y me inicié como terapeuta para niños con TDAH y sus padres, he comprendido los problemas de mi hijo, sus "pequeñas grandes" crisis, y los he solucionado mediante ajustes en la dinámica de nuestro hogar y con el apoyo de tratamientos breves de esencias florales.

Por otro lado, los padres de los niños que he atendido me han platicado no solo los problemas que han enfrentado con sus hijos, sino también cosas positivas, sorprendentes y a veces incomprensibles para ellos. Finalmente, he tenido la oportunidad de platicar con algunos niños que entran en confianza y empiezan a desplegar una gran sabiduría interior y una gran necesidad de saber cómo funciona el mundo y el universo.

Todo lo anterior me ha llevado a experimentar en carne propia lo que se expresa en *Pedagooogía 3000*. Ante esto, es necesario estar consciente de que siempre habrá personas con visiones conservadoras del mundo y que podremos encontrar psicólogos, neurólogos, psiquiatras, incluso maestros, que desestimen el contenido de este libro. Por fortuna, también habrá profesionales de la conducta, de la educación y de múltiples profesiones que ya hayan abierto los ojos y que sepan lo que sucede con la niñez actual, y esto abre una gran ventana de esperanza para nuestro futuro inmediato.

Información como la de este libro llegará a todos aquellos que estén dispuestos a abrir los ojos y que simplemente no hayan tenido contacto con los conocimientos necesarios. Esta información muestra una ventana, es decir, una oportunidad para solucionar adecuadamente el problema del TDAH, porque está fundamentada en la experiencia de muchos padres de familia y profesionales de la educación.

OTROS PROYECTOS EDUCATIVOS

La educación está en problemas a nivel mundial, y hay crisis en los sistemas educativos de numerosos países, incluyendo el mío: México. Sin embargo, es posible una nueva educación. Ejemplo de ello es el mencionado proyecto de Pedagooogía 3000, impulsado por un nutrido grupo de profesionales de la educación reunidos en un Enlace Mundial para una Nueva Educación, conocido como Emane Internacional.

Por otra parte, actualmente se sabe que es posible crear niños genio si se trabaja desde que éstos están en el vientre materno y se continúa durante la infancia, hasta los seis años. Tal es la propuesta del fallecido doctor japonés Makoto Shichida, cuya labor ha sido continuada por su hija, la doctora Mayami Shichida. A continuación, reproducimos un fragmento del libro *Los bebés son genios*, diponible en el sitio de Internet de Pedagoogía 3000:

> En el pasado se creía que el cerebro no funcionaba hasta que era enteramente completado. Para el proceso del pensamiento, las palabras son necesarias. Se concluía que, como los bebés no tienen palabras, ellos no podían pensar.
>
> Sin embargo, el gran principio de la sicología del desarrollo, "las acciones complejas todas nacen de las acciones simples" ahora ya no está de moda. Muchas de las acciones de los bebés son complejas y precisas desde el mismo inicio. Un bebé es un genio como un ser que sobrepasa su edad. Él es un ser humano con gigantescos poderes de pensamiento ocultos dentro de él. Ahora se está de acuerdo en que entiende completamente las palabras, utiliza la memoria, y es en esta etapa de su vida cuando la capacidad de aprendizaje está en su punto máximo.

Tomado de: www.pedagooogia3000.info/web/Files/Libros/DrShichida02.doc, consultado el 9 de abril de 2015.

En las academias Shichida hay un proyecto bien definido, respaldado por resultados concretos para producir bebés genios y ¡funciona! Esto es una prueba de que la educación actual camina sobre paradigmas obsoletos, y de que al cambiarlos se provocará una revolución en la humanidad. Si comparamos el mundo de la Edad Media con el mundo actual, encontramos cambios impresionantes en todos los sentidos: formas de pensar, ciencia, economía, geografía, transporte, historia, religión, medicina, entre otros. Un cambio similar o aún más grande ocurrirá cuando desechemos los actuales paradigmas de la educación, de la ciencia y muchos otros de la sociedad actual.

Otro proyecto revolucionario que nace en Uruguay y Argentina es Educación Evolutiva, el cual ya ha producido las primeras generaciones de jóvenes educados bajo su modelo, cuyo fundamento mostramos a continuación:

> Hace algún tiempo empezó a revolotear dentro de nuestro ser la sensación de necesitar un cambio de paradigma, abrirnos a estructuras que permitiesen el desarrollo de la sociedad correspondido con la necesidad de cambio que experimenta la humanidad. Este revoloteo nos sumergió

en el seno de la educación, abriéndose ante nosotros el desafío de educar para el nuevo milenio.

Como formadores no somos de este milenio, mas los niños sí, por lo que nos corresponde adecuarnos y ayudar a que esta transición en la educación transcurra de la forma más armónica y fluida posible.

Tomado de: http://www.educacionevolutiva.org/Surge.htm, consultado el 9 de abril de 2015.

Este proyecto funciona en México, con el nombre de Inamae, con sede en Amatlán, Tepozotlán, Morelos. Es necesario evaluar la viabilidad de las propuestas. Hay algunas cuya instauración es más viable en escuelas privadas y públicas como la pedagogía Waldorf, centrada en el Ser, o el método Kilpatrick, que se basa en la acción. Por otro lado, existe el método Montessori que, aunque está más difundido y se centra en el Ser, únicamente cubre un bajo porcentaje de la población estudiantil.

Para encontrar más información sobre métodos y propuestas educativas innovadoras, se sugiere consultar *Pedagooogía 3000* e investigar, ya que seguramente hay otros métodos innovadores no mencionados en ese libro.

En los sistemas educativos oficiales es posible incorporar cambios graduales, de modo que sea posible probar los resultados que pequeñas innovaciones orientadas al desarrollo del Ser pueden producir en los niños. Lo ideal es abrirse a reformas educativas de fondo, ya que si hay crisis, hay oportunidad.

Ningún sistema pedagógico actual puede dar la solución total al sistema de la educación y ningún sistema anterior puede ser descartado en su totalidad. Conviene conservar lo que esté dando buenos resultados, pero es necesario comprometerse con el cambio. Una nueva educación deberá tomar lo mejor de cada modelo y crear una educación en cambio permanente; esa es la visión de Noemí Paymal.

Po Bronson y Ashley Merryman hicieron una profunda investigación sobre la educación y sus problemas en Estados Unidos de América, y encontraron que hay un método de educación diferente en acción en los niveles de guarderías y preescolar. Después de comentar que encontraban pocos resultados en programas que tienen un gran respaldo presupuestal, como el Drug Abuse Resistance Education (DARE), cuya finalidad es prevenir el uso de drogas, Po Bronson y Ashley Merryman, en su libro *Educar hoy*, mencionan lo siguiente:

> Explico todo esto para preparar el escenario y crear la perspectiva adecuada con respecto a algo que hemos descubierto que sí funciona. El nivel de éxito de este programa es maravilloso por sí mismo, pero aún es mucho más asombroso a la luz de lo difícil que resulta producir un efecto sustancial. Se trata de un nuevo programa de estudios de guardería y preescolar llamado Herramientas de la Mente. Requiere cierta formación para los maestros, pero, por lo demás, no cuesta más que el programa tradicional. Los maestros simplemente enseñan de otra manera. Y lo que es aún más interesante que sus resultados es por qué parece funcionar, y lo que eso nos enseña sobre cómo aprenden los niños.

En resumen, Shichida y Educación Evolutiva proponen verdaderas revoluciones en el arte de educar, con métodos para desarrollar niños genios empezando a trabajar con los bebés.

Waldorf, Kilpatrick, Montessori y otros métodos proponen cambios radicales asumiendo que lo fuerte de la educación inicia en la educación primaria. Herramientas de la Mente ha demostrado resultados formidables a nivel de guarderías y preescolar en Estados Unidos, en comparación con los magros resultados de los programas tradicionales con gran respaldo presupuestal. Por último, algunas escuelas han implementado un nuevo modelo basado en el aprovechamiento de las Inteligencias Múltiples logrando excelentes resultados en tiempos tan cortos como un año. Por tanto, ya hay propuestas concretas para lograr una gran transformación educativa y mostrar que esto no es un sueño o una quimera. Los maestros de una escuela pueden recibir capacitación de los pioneros de estas nuevas propuestas educativas y, con un proyecto de cambio bien administrado, producir resultados formidables en pocos años.

EL MÉTODO FINLANDÉS

Hay un país europeo que obtiene excelentes resultados en las evaluaciones PISA de la OCDE: Finlandia. Su sistema de educación llama poderosamente la atención, y se ha convertido en un modelo a seguir. Según algunos videos y artículos encontrados en Internet, algunos de los aciertos de este país en su modelo educativo son:

- Excelente formación de maestros, con lo que la profesión obtiene un gran prestigio.

- El sistema está basado en la confianza en los maestros y no hay supervisores por parte del gobierno.

- Los maestros en formación asisten a clases reales donde pueden aprender del docente que está dando la clase y hacerle sugerencias de mejora.

- El proceso educativo se centra en el aprendizaje más que en la evaluación, por lo que en los primeros años de estudio no hay exámenes. Posteriormente, hay pocas evaluaciones.

- El sistema combina la enseñanza tradicional con la tecnología.

- La participación del alumno en clase es muy importante, por lo qu el maestro expone el tema al inicio de la clase y luego deja que los alumnos participen.

- El número de alumnos por salón es de alrededor de 20.

- Los libros de texto son cortos, porque se deja la posibilidad de innovar a las municipalidades, con el apoyo de los maestros y los padres.

- El docente tiene completa libertad para planear sus clases.

- La educación es gratuita y sin distinción de clases sociales.

- Los niños conviven con sus padres hasta los siete años, edad en la que ingresan a la escuela.

- Las madres cuentan con el tiempo necesario para educar a sus hijos, mientras que las empresas y el gobierno brindan todas las facilidades para ello.

En México, los maestros de secundaria, preparatoria y universidad se quejan de que los alumnos no están interesados en estudiar, que acuden a las clases más por obligación que por gusto. En Finlandia es lo contrario, el alumno desarrolla un gusto por el estudio y es muy participativo, tanto que los docentes tienen que preparar muy bien cada clase para cumplir con las expectativas de los alumnos.

Lo que vivimos en México en el ámbito de la educación seguramente se vive en muchos otros países, así que cuando nos enteramos de que existe un país con una educación así, podemos saber a ciencia cierta que es posible poner en marcha otra educación y otra humanidad, y que el TDAH es solo un mal sueño de una sociedad que está construyendo su futuro sobre bases muy frágiles.

BUSCANDO UNA MEJOR ESCUELA

Si en el país en el que viven los padres el sistema de educación oficial presenta grandes carencias, tal vez sea preferible buscar una buena escuela privada para su hijos, pero si la economía familiar es limitada y es imposible acceder a este tipo de educación, entonces los padres deberán hacer una gran labor desde el hogar para compensar las carencias. No obstante, aunque los padres posean los recursos económicos para pagar una escuela privada, las condiciones de vida y la crisis del sistema educativo global tampoco facilitan tomar una decisión al respecto. En este sentido, se sugiere investigar si en la ciudad donde se vive existen escuelas con pedagogía Waldorf o Montessori, ya que estas son buenas opciones. Otra alternativa es investigar si hay escuelas con distintos modelos de avanzada. Por ejemplo, algunos centros educativos trabajan con grupos de 20 alumnos, como máximo, lo que les da mayores posibilidades de formar adecuadamente a los estudiantes que escuelas que manejan grupos grandes.

En consecuencia, se sugiere a los padres que investiguen si la escuela que desean elegir tiene programas de apoyo para atender el TDAH y el *bullying*, si realizan reuniones periódicas con los padres de familia y si cuentan con una sociedad de padres que sea tomada en cuenta por la dirección del plantel.

CAPÍTULO 3

LOS NIÑOS DE HOY

Éstos son malos tiempos. Los hijos han dejado de obedecer
a sus padres y todo el mundo escribe libros.
Marco Tulio Cicerón

Los niños de hoy son muy diferentes de como fuimos nosotros en nuestra niñez; entre otros, lo confirman los padres, familiares, maestros, enfermeras que atienden a los recién nacidos, psicólogos y pediatras.

¿CÓMO SON LOS NIÑOS DE HOY?

Los niños de hoy nacen con una gran madurez y desde bebés muestran una gran capacidad, lo cual solo puede explicarse si abrimos nuestra mente a terrenos más amplios de la conciencia. Estos terrenos incluyen considerar que, además de que los hijos reciben un amplio conocimiento de sus padres, existen factores como la conciencia colectiva y los campos mórficos de Rupert Sheldrake.

Como mencioné en el capítulo anterior, los niños de hoy parecen adultos pequeños: su razonamiento es muy avanzado, suelen exhibir una gran sabiduría y visión, a veces incluso superan a sus padres en la capacidad de brindar soluciones, y pueden rechazar sus ideas, argumentos o propuestas por considerarlas inadecuadas o inconsistentes. Por otro lado, muchos de los niños muestran una gran intuición e incluso poderes psíquicos que los padres suelen no comprender; algunos dicen venir de lugares especiales, como otros planetas; otros aseguran tener una misión especial en la Tierra; y unos más dicen recordar cosas de antes de nacer. Existen historias fascinantes al respecto contadas por los padres de estos niños.

Los niños de hoy son hipersensibles; algunos no toleran los sonidos altos, otros son muy sensibles al tacto y otros más lo son a los problemas emocionales de su entorno. A estos últimos se les puede escuchar decir, desde muy pequeños, frases como: "Me rompiste el corazón". También hay niños que crean grandes y fantásticas historias o realizan actividades que se consideran muy avanzadas para su corta edad. Niños así son grandes maestros para sus padres y familiares, y para los docentes que están a cargo de su educación. El problema es que en una sociedad estresada y rígida, ante las actitudes y relatos de estos niños, los padres pueden reaccionar con incomprensión, molestia o hasta con violencia; mientras que los docentes pueden aferrarse a los métodos de enseñanza tradicionales y optar por castigarlos y mandar reportes a sus casas, en vez de tratar de entenderlos y hacer ajustes en el salón de clase.

Las miradas de estos niños son profundas y sabias, así que, para comunicarse verdaderamente con ellos, es necesario verlos a los ojos. Sin embargo, cuando se ha estado ignorando a uno de estos niños por mucho tiempo, es posible que él ya no responda cuando se le busque con la mirada. En este caso, si se reconoce el error y se quiere corregir, se recomienda tomar al niño de la barbilla, llevarlo suavemente a hacer contacto visual y hablarle con amor para volver a encontrarse con él. Si esto no funciona en primera instancia, es necesario repetir la acción hasta hacer contacto.

¿QUÉ PASA CUANDO LOS NIÑOS NO SON ATENDIDOS ADECUADAMENTE?

De manera inconsciente, los niños saben que son grandes seres, así que si no son atendidos adecuadamente, si su mirada o acciones son ignoradas, si sus palabras no encuentran respuesta o reciben una respuesta solo para salir del paso, expresarán un comportamiento inadecuado que hará que los padres noten su presencia. Si aún con esto siguen siendo ignorados o si son atendidos de manera descuidada, los niños pueden dormirse, retraerse o angustiarse, con lo que se activa la hiperactividad o impulsividad, que puede desencadenar actitudes agresivas.

Éstos son los niños del cambio, pero desgraciadamente los estamos contaminando, ya que, con el fin de calmarlos, muchos de ellos están siendo medicados con potentes psicoestimulantes o antidepresivos. Resulta absurdo que nuestra sociedad esté en una lucha constante contra las drogas y por otro lado medique con estos psicoestimulantes a un gran porcentaje de los niños.

Los niños nacen puros, alegres, con el alma limpia. Los bebés lloran por hambre, cuando se sienten solos o necesitan caricias, pero tan pronto como son atendidos regresan a su estado natural de alegría y felicidad. Entonces es claro que somos nosotros, nuestros hogares, nuestra sociedad, lo que los torna retraídos, hiperactivos, impulsivos, violentos, explosivos, temerosos, etc. Por otro lado, los bebés y los niños hasta los siete años de edad están muy conectados a la conciencia colectiva, de modo que, si los estimulamos adecuadamente, podrán inspirarse y traer soluciones sencillas a grandes problemas. De ahí que sea viable crear bebés y niños genio. De hecho, es cuando son bebés que los niños tienen el mayor potencial, pero para anclar ese potencial en su Ser, tenemos que modificar nuestros métodos de educación y cuidar otros factores de importancia.

Por lo anterior, a los niños de hoy les vienen bien los nuevos modelos educativos, el desarrollo de las Inteligencias Múltiples en clase, el aprovechamiento racional de las nuevas tecnologías, el juego libre fuera del control de los adultos y el contacto con la naturaleza. Asimismo, muchos de ellos prefieren de manera natural la alimentación sana, y se conectan de inmediato con los nuevos métodos de sanación y limpieza emocional.

TRES CUALIDADES DE LOS NIÑOS DE HOY

Noemí Paymal califica a los niños de hoy como explosivos, además de seres-esponja y seres-espejo. Esto es cierto ya que, como grandes seres que son, los niños esperan respuestas rápidas y concretas, y cuando los adultos los ignoran o se andan por las ramas, simplemente explotan. Evidentemente, a veces podrán estar de humor adecuado para permitir bromas o comentarios sin sentido, pero cuando la situación es seria, las respuestas deben ser serias y concretas. De otro modo, los adultos recibirán respuestas enérgicas como: "¡No!", "¡No quiero!", "¡Eso ya lo dijiste!".

Los niños de hoy, además, son esponjas porque absorben todo: tanto lo bueno como lo no tan bueno. Por ello los padres deben cuidar lo que hacen o lo que dicen. De otra manera, el día de mañana podrán arrepentirse de haber sido un modelo inadecuado para sus hijos. Los niños están atentos a todo lo que los adultos dicen y hacen, incluso cuando juegan. Así, es probable que, aunque parezcan absortos en sus juegos, sorprendan a los padres con preguntas como "¿Qué significa eso que dijiste?", en caso de no entender una palabra o frase.

Por otro lado, los niños de hoy son espejos porque al mostrar un comportamiento inadecuado, simplemente estarán reflejando una situación que se produce en su entorno: en su hogar, escuela o comunidad. Los niños harán lo mismo que ven, se irán al otro extremo o tendrán una actitud de revancha. Por ejemplo, un niño al que no se le permite expresarse en casa, podrá no expresarse en la escuela o bien, hablar de más; mientras que un niño al que se le pega en casa, podrá ser víctima de *bullying* o tomar el papel de agresor. Recuerdo el caso de un niño con una agresividad muy elevada que no respondía bien en nuestro taller. Sin embargo, cuando acudimos a su hogar para darle atención personalizada, encontramos que el padre tenía una marcada preferencia por el hermano menor, además de que habían ocurrido otros problemas en el hogar. Así pudimos concluir que su agresividad era una acción revanchista, debido al trato desigual recibido del padre y a otros errores cometidos por este.

Cada niño es único, especial y no una máquina, por lo que no hay reglas generales para atenderlo. Cuando un adulto acude a cursos o talleres de padres o docentes, es fundamental que comprenda que le están dando lineamientos generales y que deberá ser flexible en su aplicación práctica. Solo así logrará conectar adecuadamente con cada uno de los niños, ya sean sus hijos o sus alumnos. De ahí que este libro no proporcione recetas universales. Cada padre de familia deberá hacerse un experto en la aplicación de normas y métodos para educar adecuadamente a sus hijos.

Lo anterior es muestra de que un nuevo ser humano está naciendo y de que podemos tener una nueva educación en el hogar y en la escuela. Así, una sociedad nueva verá la luz.

¿QUÉ LOS SACA DE SU EQUILIBRIO INTERIOR?

Los niños de hoy son distintos, ya sea porque representan un salto en la evolución –y la evolución siempre va hacia adelante–, porque están excesivamente estimulados, o bien, porque están muy desatendidos. Es posible adoptar el punto de vista que nos parezca más adecuado al respecto. Personalmente, considero que los niños de hoy poseen estos tres factores.

Estos niños son diferentes porque tienen un ADN más avanzado. Por ello, si los adultos están lidiando con ellos, resulta obvio que el problema no son los niños, sino los adultos.

Por otro lado, hay mucha desatención hacia los niños en los hogares donde no hay normas o límites y eso les crea angustia y falta de seguridad.

Actualmente existen muchos factores que sacan a los niños de su equilibrio interior y es necesario conocerlos porque todos ellos pueden detonar o incrementar los síntomas del trastorno por déficit de atención con hiperactividad (TDAH).

A continuación se mencionará una serie de temas cortos para tratar dichos factores.

LA AUTORIDAD TRADICIONAL

En el pasado, los padres y maestros hablaban o daban órdenes y los hijos respetaban y obedecían. Los padres castigaban de diferentes maneras, algunos incluso llegaban a los golpes, utilizando un cinturón o algún otro método duro para hacer a los hijos entrar en razón. En las aulas, algunos maestros también recurrían a castigos, como golpear con el metro o lanzar el borrador a los alumnos que se portaban mal. A pesar de ello, los niños olvidaban rápidamente el asunto, a menos que los padres o maestros incurrieran en excesos. La diferencia con los niños de hoy es que éstos no responden ante la autoridad como se hacía antes, ni en el hogar ni en la escuela. "Tú no me mandas" es una frase muy común hoy en día en los niños para expresar su desacuerdo con los padres, algo que era impensable en las generaciones anteriores.

Existen múltiples explicaciones para ello: que con la liberación femenina la democracia llegó al hogar y se perdió la figura de autoridad del padre, que ahora se castiga el maltrato a los menores, que los niños ven demasiada televisión y pueden darse cuenta de que tienen derechos, etc. Lo cierto es que en nuestros días es muy difícil educar a un niño con base en una autoridad férrea y cuando esto se hace, resulta contraproducente. Sin embargo, los padres no deben renunciar a ejercer la autoridad en el hogar, sino que deben prepararse en la definición y aplicación de normas o límites, ya que un entorno donde hay disciplina hace a los niños sentirse protegidos.

No malentendamos el hecho de que los niños rechazan la autoridad férrea, es decir, el autoritarismo, y por ello tratemos de llevar la relación padre-hijo a una de camaradas. Solo algunos niños podrán llevar adecuadamente este tipo de relación, pero no la mayoría. La falta de normas o límites en el hogar da paso a comportamientos inadecuados en el niño, puede tornarlo agresivo e incluso detonar TDAH. Además, el comportamiento inadecuado derivado de la falta de límites podrá trasladarse a la escuela, a la relación con los amigos, con los demás familiares y con la sociedad. Existen padres con mucho sentido común a los cuales les resulta natural crear normas en el hogar y aplicarlas adecuadamente, pero otros necesitan prepararse mediante lecturas, cursos y talleres. Para guiarse, hay libros excelentes sobre el tema, por ejemplo, *Niños desobedientes, padres desesperados*, de Rocío Ramos-Paúl y Luis Torres.

CUANDO NO ES CLARO QUIÉN EJERCE LA AUTORIDAD

El ejemplo más común de esta situación es cuando los dos padres trabajan y el niño se queda bajo el cuidado de los abuelos. También ocurre cuando no hay suficiente entendimiento entre los padres sobre las normas en el hogar, sus consecuencias y su correcta aplicación. Por eso podemos escuchar frases como las siguientes: "Mi abuelita siempre me deja ver tele y tú no", "Mi papá me dijo que me puedo dormir tarde". En este caso, el niño, de forma consciente o inconsciente, sabe con cuál de los miembros de la familia obtiene mayor ventaja y se aprovecha de esto, por lo que empieza a tener problemas con otros familiares. Ejemplo de ello son los niños que toman una posición de comodidad con los abuelos y se comportan mal con los padres. Si los padres manejan equivocadamente esta situación por largo tiempo, los comportamientos inadecuados podrán escalar en magnitud y llegar a convertirse en problemas graves.

LA FALTA DE SINCERIDAD DE LOS ADULTOS

Los niños de hoy son muy intuitivos y detectan cuando los adultos no son sinceros. Antes, los adultos podían decir una mentira para salir del paso en alguna situación, pero ahora es muy difícil, ya que los niños generalmente descubren el truco y dicen: "Eso que me dices es mentira" o "Eres mentiroso". Y cuando los adultos niegan esto, crean una confusión en el interior de los niños. En casos como este, es importante corregir a los niños sobre la manera en la que se expresan, ya que no está bien que lo hagan de manera ofensiva. Sin embargo, también es importante que los adultos reconozcan sus errores cuando los niños se los hagan notar.

Finalmente, a los niños de hoy tampoco les gusta que les prometan cosas y no les cumplan, ya que recuerdan todo lo que se les promete.

Las peleas o conflictos en la familia

Las peleas o conflictos en la familia afectan la salud emocional de los niños. En su libro *Educar hoy*, Po Bronson y Ashley Merryman comentan que el hecho de que los niños sean testigos de conflictos en el hogar puede ser muy educativo, siempre y cuando el conflicto tenga un desenlace favorable. En caso de que el desenlace no sea favorable o que el niño no vea cuál es el desenlace del conflicto puede haber problemas emocionales y angustia. Por eso, cuando el niño es testigo de conflictos frecuentes e interminables entre los padres, se originan sentimientos de angustia, culpabilidad, tristeza, ansiedad y otros que pueden llegar a la depresión o TDAH.

El exceso de electrónica

El exceso de electrónica no es bueno para los niños. Hoy en día hay demasiada televisión, reproductores de películas, videojuegos, computadoras, juegos en celulares y aún falta todo lo que sea que está por venir. La violencia extrema, tanto en la televisión como en los videojuegos, ejerce un impacto sobre la mente y las emociones de los niños, quienes están en proceso de maduración. La pediatra Meg Meeker trata muy bien este tema en su libro *Padres fuertes, hijos felices*, en el capítulo cuarto titulado "Asuntos de Electrónica". Ninguna de estas herramientas deben ser utilizadas como niñeras; lamentablemente, eso es algo que ocurre en muchas familias.

Debemos tener especial cuidado con el exceso de programas, películas y videos educativos, sobre todo en la primera infancia, cuando el niño tiene que aprender a hablar. En *Educar hoy* hay un capítulo sobre este tema, en el cual se concluye que los niños aprenderán mejor los secretos del lenguaje escuchando hablar a los humanos. Debido a esto, aprenderlo por medio de materiales educativos audiovisuales podría ser un grave error y generarles mucha confusión. Los expertos indican que las habilidades de los niños para aprender el lenguaje son impresionantes: hay hogares donde la comunicación entre los padres es escueta y, aun así, los niños aprenden a hablar bien.

Es necesario tomar en cuenta que entre los dos y tres años de edad es cuando se da el desarrollo del habla. Si los padres consideran que su hijo tiene problemas para hablar deben informarse sobre las etapas en el desarrollo de los niños y, si llegan a la conclusión de que hay un retraso importante, acudir a un especialista en trastornos del habla.

Por otra parte, sabemos ya que, aunque los niños estén jugando, siempre están al pendiente de las conversaciones y acciones de los adultos, y esto se puede comprobar con facilidad. Entonces es importante entender que los programas de televisión que los adultos ven pueden estimular de manera inadecuada a los niños, por lo que es necesario cuidar lo que se ve en presencia de ellos.

LA FALTA DE HORAS DE SUEÑO

El libro Educar hoy ya mencionado incluye un capítulo excelente dedicado a los problemas del sueño en los niños y jóvenes titulado "La hora perdida". Estudios serios han demostrado que una hora más de sueño es excelente y que media hora o hasta 15 minutos más provocan un gran beneficio en el rendimiento escolar. Entonces, los padres deben cuidar que sus hijos se vayan a la cama a una misma hora de domingo a jueves, para que al siguiente día puedan levantarse descansados y con ganas de ir a la escuela. Algunas ideas para que duerman bien son bañarse antes de ir a la cama para relajarse, hacer una oración de agradecimiento y de protección o escuchar música relajante.

Existe excelente música que puede ponerse de fondo para dormir. Hay música para bebés y para niños que puede adquirirse en tiendas comerciales que tienen departamento de música. Un disco que recomiendo mucho a las mamás es *Musical rapture (Éxtasis musical)*, de Frederic Delarue y Joao Cota-Robles. Es un material gratuito y que puede bajarse de Internet del siguiente enlace: http://fredericdelarue.com/freemusic. html. Esta música dura una hora y se puede poner a volumen bajo media hora antes de la hora de dormir. Después, cuando el niño vaya a la cama, se puede bajar un poco más el volumen y dejarla hasta que finalice.

Si los espacios de la casa son pequeños, hay que cuidar que las actividades de los adultos no mantengan despierto al niño. Además, es necesario cuidar que no reciba mucha estimulación antes de dormir por medio de televisión, videojuegos, computadora o celular. Y, en caso de que los niños vean televisión por la noche, debemos cuidar que los programas no sean violentos, de terror o con cambios de escenas rápidos. Esto puede originar que los niños se muevan toda la noche, lo cual indicará que no está descansando adecuadamente por la excesiva estimulación. Por ello, cuando un niño tiene el hábito de moverse continuamente mientras duerme es necesario actuar al respecto. Algunas de las causas pueden ser: miedo por escenas que vio en alguna película o en un videojuego, o bien, preocupación debido a algunos problemas cotidianos. En estos casos, para que el niño descanse se recomienda:

- Cuidar que no utilice la electrónica una hora antes de acostarse.

- Aprovechar ese tiempo para platicar con él.

- Si quiere jugar, puede hacerlo con juguetes silenciosos y que no impliquen mucha actividad física.

- Hacer una oración con él pidiendo protección a su ángel de la guarda, a Jesús, a un arcángel o a cualquier ser divino en quien el adulto confíe.

- Poner música relajante media hora antes de dormir y que dure otra media hora una vez que el niño se haya dormido.

- Si el problema continúa, llevarlo con alguien que maneje flores de Bach, homeopatía o terapias alternativas, ya que seguramente el niño necesita ayuda para liberar miedos o problemas emocionales. También es posible llevarlo al psicólogo. Desde mi punto de vista, la primera sugerencia dará resultados más rápidos, pero ambas son opciones adecuadas.

No ser escuchados o ser ignorados

A pesar de tener menos hijos que antes, hoy en día es común que los padres estén ocupados o estresados, debido al ritmo de trabajo de nuestra sociedad. Los padres suelen pensar que tienen asuntos más importantes de qué preocuparse y es fácil que dejen de escuchar a su hijos o que incluso los ignoren. Esto es algo que muestra el frágil equilibrio de los niños de hoy. Para ellos, sus preguntas, dudas, opiniones y necesidades son de mucha importancia. Considerarse desatendidos o relegados puede tolerarse por un tiempo. Sin embargo, si la situación se prolonga durante semanas o meses, es muy probable que se desencadenen problemas emocionales o TDAH.

Hay dos tipos de asuntos importantes en el hogar: los asuntos de los adultos y los asuntos de los niños. Estos últimos son: jugar, platicar con ellos, resolverles sus dudas de manera clara y precisa, cumplir las promesas que se les hacen, llevarlos de paseo, llevarlos a ver la película que han estado esperando, llevarlos a tomar un helado, ayudarles con su tarea si tienen dudas, ir a visitar a un familiar muy querido por ellos, arreglarles un juguete descompuesto, etc. Cuando los padres descuidan estos asuntos, pronto pueden verse en la necesidad de atender los reportes de los maestros o de llevar a sus hijos al psicólogo o al terapeuta. También pueden verse envueltos en discusiones y escenas inadecuadas en el hogar, o bien, pueden recibir respuestas groseras por parte de los hijos.

Exigencias fuera
de sus intereses o capacidades

Los niños parecen tener una idea muy clara de lo que les gusta y lo que no les gusta. Esto permite que los padres se den cuenta con facilidad cuando algo no les interesa; por tanto, forzarlos a que lo hagan puede convertirse en un verdadero conflicto en el hogar. Evidentemente, los niños tienen obligaciones que no están a discusión, como ir a la escuela, hacer sus tareas, comportarse en la mesa, respetar los horarios definidos, respetar las normas de la casa, etc. Sin embargo, si los padres quieren que el niño practique un determinado deporte, que aprenda a tocar un instrumento musical, que acompañe a visitar lugares donde no se siente cómodo, o que haga actividades que no les interesan del todo, será necesario convencerlo de la mejor manera posible. Si el niño opone una fuerte resistencia, entonces será mejor esperar el momento adecuado o buscar alternativas. En este punto, los padres deben cuidarse de no ser excesivamente permisivos.

Algo que molesta sobremanera a los niños es que se les obligue a hacer algo para lo cual no tienen capacidades. En tal caso, si no quieren enfrentar fuertes problemas, los padres tendrán que ayudarlos a desarrollar esas capacidades o buscar alternativas que les den las fortalezas que buscan desarrollar en él. Por ejemplo, si los padres quieren que haga determinada actividad o deporte, posiblemente tengan que llevarlo por un tiempo a terapias físicas para desarrollar la fuerza necesaria en brazos y piernas. Por otro lado, si el niño tiene resistencia o temor a enfrentarse a algo nuevo, las flores de Bach pueden ser de gran utilidad.

Falta de atención adecuada a sus miedos

Como hemos comentado, muchos niños de hoy son muy sensibles. Ejemplo de ello es que si ven programas con contenido violento o en los que aparecen seres terroríficos, pueden desarrollar miedos que les impidan dormir bien.

Los conflictos en el hogar, los maltratos de otros niños y algunas situaciones de peligro son también factores que les pueden originar miedo y problemas para dormir. Cabe mencionar que algunos niños parecen no tener miedo a nada, no importa lo que vean o lo que ocurra a su alrededor; sin embargo, este tipo de niños son la excepción.

Un niño que ha desarrollado miedos suele despertarse llorando a medianoche debido a las pesadillas, no puede conciliar el sueño estando solo, le asusta la oscuridad o incluso no puede estar solo de día. Cuando un niño presenta estos síntomas, es momento de ayudarlo y tomar las cosas con seriedad, por lo que resulta un grave error burlarse de él calificándolo de miedoso o débil. Lo adecuado, en cambio, es investigar la causa del miedo y evitar que se enfrente a situaciones innecesarias que lo asusten. En caso de que haya factores que no se puedan evitar, se sugiere encontrar la forma de darle protección, por ejemplo, ayudarle a desarrollar la confianza en su ángel guardián, darle flores de Bach y llevarlo a terapias alternativas. En general, una buena formación espiritual es de vital importancia en estos casos.

EL MALTRATO FAMILIAR

Una terrible realidad en nuestros días es que muchos niños sufren violencia intrafamiliar. Las condiciones que llevan a los niños a estar bajo este estigma son diversas. Por otro lado, la violencia o el maltrato que reciben pueden ser físicos o verbales, lo que provoca graves problemas de autoestima y genera distintas reacciones en el niño.

En ocasiones, los padres reproducen una situación que ellos mismos vivieron en su infancia, ya sea de manera consciente o inconsciente: "Como mi padre o mi madre me golpeaba o me gritaba de niño, hago lo mismo con mis hijos". No obstante, los niños de hoy son más sensibles a la violencia y responderán de diferentes maneras, por ejemplo, volviéndose violentos, retraídos o tristes, ya sea en casa o en la escuela. Otra manera de responder ante el maltrato es desarrollar problemas para comer, para dormir, para socializar, entre otros.

En ocasiones, los niños son agredidos en la escuela, de forma física o verbal, o son rechazados y separados del grupo, en lo que se conoce como *bullying* o acoso escolar. Cabe mencionar que en este problema siempre hay al menos un niño que agrede y otro que es agredido, y que el niño que agrede muy probablemente sea víctima de agresiones, físicas o verbales, en su hogar. Como ya hemos mencionado, son muchas cosas las que afectan a los niños y la agresividad puede detonarse por diferentes causas.

Hay quien piensa que la solución al *bullying* es ayudar a los niños para que se defiendan del agresor. Esta es una buena alternativa, pero no es suficiente, ya que el niño que agrede siempre encontrará una víctima propicia.

La solución es atender a tiempo las causas que detonan el comportamiento agresivo desde el hogar y, cuando la agresividad ya está presente, es necesario que el niño agresor y su familia acudan a una terapia. Una recomendación para las escuelas es implementar programas para contrarrestar el *bullying*.

LA EXPOSICIÓN A CAMPOS ELECTROMAGNÉTICOS DURANTE LA NOCHE

Además de los elementos mencionados con respecto a la electrónica, también cabe mencionar el peligro de que los campos electromagnéticos en la recámara del niño influyan en su calidad de sueño. Así, si en la cabecera de su cama hay un despertador eléctrico, es mejor buscarle un lugar más alejado o, mejor aún, reemplazarlo por uno de baterías. Del mismo modo, no es conveniente que haya lámparas conectadas en las cabeceras de la cama pues también generan campos electromagnéticos.

En caso de que haya una televisión en el cuarto, es bueno desconectarla por las noches; de hecho, lo mejor es que no haya televisión en la habitación del niño. Por último, no se recomienda que haya celulares encendidos o cargándose durante la noche dentro de su recámara.

LA SATURACIÓN DE COSAS MATERIALES

Un mundo cada vez más material hace que los padres den juguetes en exceso a los niños. En lo personal, yo tuve pocos juguetes y disfruté mi niñez de maravilla. En mi casa eran pocos los juguetes que recibían los niños al año y por lo general eran muy económicos. Los niños de hoy, en cambio, tienen la televisión, el videojuego, la computadora, el celular, el videojuego portátil y muchos juguetes electrónicos o de moda relacionados con sus programas de televisión favoritos o las películas infantiles.

Además, hoy en día, en cualquier supermercado o minisúper hay juguetes, por lo que siempre es posible encontrarse con los juguetes nuevos que los niños desean. Por ello, si los padres acostumbran a sus hijos a tener siempre el último juguete, el último videojuego, o cualquier cosa que vean en el súper, siempre tendrán la necesidad de cosas materiales y nada les será suficiente. Esto puede provocar en los niños un vacío interior que no podrá ser llenado con la presencia y atención de los padres en una etapa posterior de su vida. En este sentido, es importante no tratar de compensar la falta de atención, de tiempo o de amor con cosas materiales, ya que a la larga eso solo creará problemas en el niño.

El amigo imaginario

En mi opinión, la vida se organiza en dimensiones y planos de existencia. Tal vez alguien con una mentalidad muy racional diga que eso no está demostrado científicamente, pero cuando se cree que Jesucristo existe, se puede reconocer de manera implícita que existen las dimensiones, ya que él no está en la dimensión del mundo material. Por ello creo firmemente que muchos niños de hoy tienen la habilidad de ver seres de otros planos de existencia, de ahí que sea común que hablen con un amigo imaginario. Otros niños hablan en lenguas desconocidas de manera ocasional, como pude comprobarlo cuando mi hijo, que en ese entonces tenía cinco años, dijo algunas frases en una lengua extraña, mientras yo le hablaba de Jesús.

Otra forma en que los niños manifiestan esa conexión es cuando dicen cosas de familiares fallecidos, pero que ellos no conocieron. Incluso hay niños que pueden ver más allá de la apariencia física de las personas y darse cuenta de que alguien está triste, enfermo, preocupado, etcétera.

Es necesario abrir la comprensión y entender que el cerebro y la mente tienen habilidades aún desconocidas para la ciencia, y que el hecho de que la ciencia no haya avanzado lo suficiente para explicarlas no significa que no existan. Por ello, ignorar al niño, burlarse de él o regañarlo cuando platica que vio a alguien o algo, puede ocasionarle problemas de comunicación. Así, el niño puede cerrarse a hablar de sus miedos o experiencias y desarrollar problemas como aislamiento, temor, angustia, depresión, etc. Esto, a la larga, puede provocarle retrasos en el desarrollo de la comunicación verbal o escrita. Hay que tomar en cuenta que a veces un detalle aparentemente insignificante para los adultos se convierte en un trauma en la mente de un niño.

En este caso, es posible explicarle al niño que algunas imágenes son producto de nuestra imaginación, pero si sigue viéndolas es importante que hable de esas experiencias y preguntarle qué ve, dónde, cuándo, si ve a una o varias personas, si les tiene miedo, qué apariencia tienen. Si se habla abiertamente con él, tarde o temprano el tema dejará de ser un problema. Hasta los siete años de edad los niños son hipersensibles y tienen una gran imaginación, pero su desarrollo los hace entrar a una etapa más racional más o menos a los ocho años. Como en todos los problemas, enfrentar este tema directamente, sin evasivas y desde una óptica amorosa, hará que se resuelva de forma cada vez mejor.

CAPÍTULO 4

LOS PADRES DE HOY

Los padres son los huesos con los que los hijos afilan sus dientes.
Peter Ustinov

Los niños nacen frágiles: necesitan el cuidado y los ejemplos de los padres, necesitan ser educados y escuchar a los adultos para aprender a hablar. Sin embargo, estas necesidades no siempre son cumplidas.

Hace algunos años había familias de siete, ocho, nueve hijos o más, y éstos eran alimentados y atendidos adecuadamente; ahora es muy común ver familias de tres hijos o menos donde los padres tienen muchas dificultades para atenderlos.

Esto parece contradictorio, ya que los padres deberían poder atender mejor a una menor cantidad de hijos. La causa es que vivimos en una sociedad acelerada, enfocada en el mundo laboral, en las empresas y la productividad. Así, la prioridad de muchos padres es obtener el ingreso económico porque es urgente cubrir todas las necesidades de la familia. Pero si hay exceso de trabajo, hay poco tiempo para ejercer y disfrutar nuestro papel de padres.

EL TRABAJO Y LOS NIÑOS

Cuando ambos padres trabajan, los niños se quedan con los abuelos, van a la guardería o se quedan solos en casa. Esto puede provocar que reciban poca atención de sus padres entre semana y que, por tanto, a éstos les sea más difícil aplicar normas en el hogar.

De los tres panoramas mencionados, el mejor suele ser cuando los niños se quedan con los abuelos, porque está de por medio un factor muy importante: el amor. Por otro lado, estudios realizados han encontrado que los niños cuidados en guarderías son menos cooperativos y más agresivos. Algo de esto pude percibir cuando tuve la oportunidad de conocer una guardería del Instituto Mexicano del Seguro Social. Allí sentí una profunda tristeza al ver a tantos niños amontonados como si fueran pollos y de inmediato comprendí que eso no podría ser sano para su salud integral.

A pesar de ello, en algunas ciudades se han creado clubes para atender fuera del horario escolar a niños que de otra forma estarían en la calle, en riesgo de ser afectados por la violencia y las adicciones. Acciones como esta deberían realizarse en todas las ciudades de buen tamaño, pues nuestra forma de vida está generando las condiciones para que muchos niños se queden desatendidos por las tardes.

Una causa de lo anterior es que las mujeres se han integrado a la actividad laboral, por lo que en ocasiones tienen que cumplir largas jornadas laborales y llegan cansadas al hogar. Por otro lado, las mujeres por lo general siguen teniendo las mismas responsabilidades en el hogar: son amas de casa, esposas, madres y las principales responsables de ayudar en la educación de los niños.

Personalmente, he atendido a muchas mamás estresadas, cansadas y abrumadas, que viven con la sensación de no estar cumpliendo como tales y sin saber qué hacer para ayudar a su hijo con TDAH, agresividad u otros problemas.

Es necesario que, como sociedad, tomemos conciencia de esta situación. Una manera de hacerlo es que las empresas sepan lo que pasa en los hogares de sus empleados, que sean socialmente responsables y ayuden a las familias de sus trabajadores. De hecho, les conviene hacerlo. De otro modo, los trabajadores llegarán estresados o cansados a su puesto laboral y muy probablemente tendrán una baja en su productividad.

¿Qué más podemos hacer como sociedad para que los niños reciban la atención adecuada?

El modelo formativo finlandés nos da luz respecto a lo que es necesario hacer. Por ejemplo, en ese país las madres tienen derecho a estar en casa al cuidado del niño hasta que cumpla tres años, mientras cobran sueldo del Estado. Posteriormente, al reincorporarse a la actividad laboral lo hacen en el mismo puesto y con las mismas condiciones laborales que tenían antes de hacer la pausa. Después de los tres años y hasta los ochos años de edad del niño, las madres pueden optar por laborar media jornada y el Estado se hace cargo del 50% de su sueldo.

Los lugares de recreo

Los fraccionamientos de hoy en día son lugares cada vez más enfocados a los adultos y a los autos. Por ello, es común que no haya parques cercanos adecuados para que los niños jueguen, y éstos tampoco pueden jugar en las calles debido al constante paso de los autos. Por otro lado, muchos de los hogares actuales carecen de patio o bien, el tamaño de este es muy pequeño.

Los niños necesitan espacios amplios donde jugar: espacios con juegos infantiles, árboles, flores, agua, pasto y tierra. ¿Podemos colaborar empresarios, políticos, padres de familia y demás actores sociales para crear ciudades más adecuadas para los niños? Yo creo que sí. Es evidente que nuestra sociedad ha vivido mucho tiempo en una gran inconsciencia, pero es hora de despertar.

El hogar

En el hogar los niños necesitan un ambiente ordenado, armónico y pacífico. Los padres pueden mantener el orden en casa, independientemente del tamaño de esta. En cuanto a la organización del cuarto de los niños, es importante que siempre tengan a la mano todo lo que pueden necesitar para hacer sus tareas y para vestirse.

La armonía se puede cuidar desde los detalles de la casa, pero lo más importante es la armonía mental y emocional: la buena relación entre los padres, de padres con hijos y el buen trato entre los hermanos.

Los niños, como todos los seres vivos, necesitan tener ritmos para sentirse bien. Por la mañana requieren despertarse a la misma hora de lunes a viernes y que sea de manera natural, es decir, sin regaños ni gritos. Posteriormente necesitan desayunar bien, ir a la escuela, regresar, comer a una hora determinada y aprovechar la tarde para sus deberes y jugar.

Los padres deben comprender que son los responsables de hacer que los niños tengan un ritmo constante dentro del hogar. Esta labor empieza desde el nacimiento del niño, cuando se definen sus horarios de comida y de sueño.

Aprendamos a disfrutar nuestro papel de padres

Como dice Martha Alicia Chávez, autora de *Tu hijo, tu espejo,* en sus conferencias: lo mejor que podemos hacer es disfrutar nuestro rol de padres; cualquier cosa que hagamos con los hijos y por ellos, cualquier cosa que les demos, hagámoslo disfrutándolo, no lo hagamos simplemente por obligación.

Los niños necesitan que actuemos en nuestro papel de padres, para aprender de nosotros en el ejemplo; necesitan desarrollar la disciplina y aprender a vivir dentro de normas. Los niños no nacen disciplinados ni sabiendo las reglas del mundo, por lo que necesitan que los padres les enseñen lo que deben hacer y lo que no. El hecho de que éstos verdaderamente disfruten su papel y aprendan de este ejercicio día a día es la mejor manera de prevenir el TDAH y otros problemas comunes en los niños.

Amarlos a pesar de todo

A pesar de sus travesuras, sus fallas, los destrozos que hayan hecho y los problemas que estén ocasionando, es fundamental que los padres no solo amen a sus hijos sino que lo expresen a menudo con palabras, con besos, abrazos y otras muestras de cariño.

Los niños pueden y deben jugar solos, pero es importante que los padres dediquen tiempo cada día para jugar con ellos en casa o en el parque.

Es necesario llevarlos varias veces al mes a tener contacto con la naturaleza; eso es bueno para ellos y para nosotros, ya que el aire limpio del campo y el sol brindan salud y refuerzan el sistema inmunológico. Los padres deben permitir que los niños caminen descalzos en la tierra, siempre y cuando no haya peligros; dejarlos jugar con agua y lodo, y permitirles ensuciarse de vez en cuando.

Los padres no deben juzgar ni criticar a sus hijos. Cuando caigan en la tentación de hacerlo, se recomienda que recapaciten y recuerden cómo era el niño antes, es decir, si entonces no presentaba un comportamiento y ahora sí. Posteriormente pueden señalar qué evento o situación fue determinante para que él cambiara de actitud.

Los adultos necesitan comprender que los cambios en los niños son influidos por su entorno. Los niños nacen limpios y puros, de modo que son los adultos los que los programan y forman por medio de sus creencias, ejemplos, reacciones y la forma en que se les pide hacer las cosas. Cabe mencionar que a veces tienen problemas en la escuela o con otros niños y que eso también puede marcarlos.

Una vez que el niño crece, sale del mundo de la ilusión y los sueños para entender la realidad del hogar y del mundo real. Al hacerlo, es normal que cambie su comportamiento por lo que los adultos deben analizar si los cambios son los esperados de acuerdo con las etapas de crecimiento del niño, y si no, es necesario llevar a cabo acciones a tiempo.

El trato a los hermanos

Es normal que los padres muestren preferencias por uno de los hijos, pero no está bien que lo demuestren. He sido testigo de cómo el hecho de que un padre demuestre preferencia por uno de sus hijos ha detonado una fuerte agresividad en otro de ellos. Este comportamiento se refleja tanto en el hogar como en la escuela, al grado de que dicho niño ha sido expulsado de varias de ellas.

El libro ya mencionado, *Tu hijo, tu espejo,* trata este tema con gran claridad. Por otro lado, la experiencia personal me ha enseñado que los padres no deben mostrar preferencia por algún hijo, sobre todo, tomando en cuenta que en estos tiempos existen muchos niños con hipersensibilidad.

Las etapas de la niñez

Las etapas de la niñez pueden ser clasificadas de manera diferente, según el libro o el especialista que hable de ellas. Podríamos hablar de tres etapas básicas: la del embarazo; la de cero a siete años, y la de ocho a 14, con subetapas entre ellas. Además, podemos tomar en cuenta que de cero a siete años es cuando hay más subetapas, ya que el niño tiene que aprender cosas básicas como alimentarse, gatear, caminar, desarrollar el habla, aprender a jugar, a vestirse, etcétera. No es necesario preocuparse por las diferentes clasificaciones, ya que cualquiera que se utilice será de utilidad. Lo más importante es la intención de los adultos de entender los diferentes niveles de desarrollo de sus hijos.

Es común sorprenderse de que los niños de ahora tienen una gran comprensión de lo que hablan los adultos y de que a muy corta edad pueden desarrollar conversaciones que antes eran exclusivas de gente de mayor edad.

Los padres deben tener especial cuidado respecto a las capacidades y habilidades de los niños, de modo que no les exija realizar actividades para las que aún no tienen la madurez corporal, motriz, sensorial o mental. Es posible marcar normas o límites desde que nacen de acuerdo con su nivel de comprensión. De igual manera, se pueden transmitir responsabilidades que les permitan madurar e integrarse adecuadamente en las tareas del hogar.

LOS NIÑOS NO SON ROBOTS

Al igual que los adultos, los niños tienen buenos y malos momentos, se enfadan y se molestan. Una buena manera de que aprendan las normas es que estas estén basadas en premios y resultados. Los niños aprenderán de sus aciertos, gracias a la aprobación que obtienen de los padres; y aprenderán de sus errores y malos ratos, gracias a la aplicación de consecuencias. En este sentido, es conveniente aprender a estimularlos y a premiarlos de manera efectiva en vez de simplemente elogiarlos. El método PECES y el libro *Educar hoy,* de Po Bronson y Ahley Merryman, cubren de manera muy adecuada la estimulación y la diferencia de esta con el elogio.

Los niños no son robots, por lo que sus padres no deben esperar un comportamiento estable y exento de problemas. En cambio, hay que esperar que se enfaden, se enojen, lloren, griten, pataleen, golpeen, ofendan, hagan destrozos, que se enfermen y, en general, den lata. Corresponde a los padres disfrutar esos problemas, esa "lata" que dan los niños, y aprovechar sus malos comportamientos para poner en práctica las normas y la dinámica que desean en su hogar.

Los cambios de comportamiento de los hijos son una oportunidad para avanzar en el aprendizaje como padres.

¿CUÁNDO DEBEMOS PONERNOS ALERTA?

Es necesario *hacer un alto en el camino* en los siguientes casos:

- Si un comportamiento inadecuado se repite una y otra vez.

- Si de pronto los padres regañan o castigan al niño día tras día.

- Si repiten las mismas frases una y otra vez, a sabiendas de que no generarán ningún resultado positivo.

- Si los problemas son cada vez más graves.

- Si el niño llegó a una situación donde no es controlable.

- Si ofende y golpea constantemente.

En estas situaciones es necesario hacer un esfuerzo para cambiar la forma en que los padres se están relacionando con el niño. Y en caso de que no sepan qué hacer, se recomienda que lean, se informen, pregunten y pidan apoyo o ayuda a un profesional de la conducta. En cambio, no es recomendable mantenerse en esas situaciones por mucho tiempo porque se vuelve una lucha sin sentido y porque los problemas de conducta pueden tornarse más graves y estancarse. De cualquier modo, lo peor que se puede hacer es rendirse y decir frases como: "Ya no sé qué hacer contigo, pero cuando regrese tu papá…".

Cuanto más tarden los padres en poner en práctica otra estrategia, más difícil será solucionar el problema. Por ello, se requiere que se hagan conscientes de que el problema no está en el niño, sino en la relación que ellos tengan con él, en la forma en que ejerzan la autoridad, en la falta de normas y en la no aplicación de estas, con sus consecuencias correspondientes.

En este proceso, al ver que las cosas están emperorando, es comprensible que los padres puedan llegar a sentir angustia y otras emociones como ansiedad, enojo, miedo e impotencia. Sin embargo, sin importar cuán mal se sientan, los padres deberán tomar en cuenta que hay soluciones y que ese niño fuera de control puede volverse un niño ejemplar, siempre y cuando los padres pongan de su parte para cambiar la dinámica en el hogar.

CRITICAR Y SERMONEAR NO SIRVE DE NADA

Prácticamente todos los expertos coinciden en que criticar a los niños no sirve para corregir sus problemas de conducta. La crítica señala las fallas, los errores y lo que no nos gusta del niño, por lo que cuando la crítica es reiterada y machacona es aún más contraproducente. Esto es natural, ya que a nadie le gusta que lo critiquen. En cambio, es mucho mejor estimular y motivar una transformación.

En ocasiones se utiliza el término *crítica positiva*. Sin embargo, esta es muy fácil de malentender, ya que consideramos positivo señalar los errores para que una persona cambie, pero no es verdad: la clave está en lo que se dice y en cómo se dice. Así, en vez de criticar, hay que retroalimentar; y en vez de señalar a la persona, hay que enfocarse en el hecho. A continuación mostramos un cuadro con ejemplos al respecto:

Crítica	Retroalimentación
• Qué malo eres	• Pegarle a tu hermana no está bien
• Todo lo haces mal	• Esto no ha quedado bien, repítelo
• Lo hiciste mal	• Inténtalo de esta forma
• ¡Cómo te tardas!	• Si te apuras, podrás ver la televisión

Como se puede ver, la retroalimentación se enfoca en el hecho, incluso estimula a hacer las cosas de la manera esperada o señala un premio en caso de hacerlo bien. Los expertos también indican que sermonear a los hijos es poco efectivo y que en cambio es mucho mejor llamar la atención de manera específica y concreta.

¿QUÉ SON LAS NORMAS EN EL HOGAR?

Todos los niños son diferentes y todos los padres son diferentes. Además, los niños pasan por etapas distintas, por lo que no son iguales las normas para un niño de kínder que para uno que curse cuarto grado de primaria.

Para que nos quede claro qué son las normas, pondremos algunos ejemplos para niños pequeños:

- Obedecer a papá y a mamá sin reclamos
- Recoger los juguetes al terminar de jugar
- No jugar con la comida
- Aprender a dar las gracias
- Aprender a pedir las cosas por favor
- Bañarse todos los días por la noche
- Dormirse temprano
- Ver la televisión en los horarios permitidos

Cuando algunas de estas actividades se convierten en hábitos, dejan de manejarse como normas y se reduce la lista. Así, para un niño un poco mayor las reglas pueden ser:

- Recoger los juguetes al terminar de usarlos
- Comportarse adecuadamente en la mesa
- Dormirse a la misma hora de domingo a jueves
- Ver la televisión en los horarios permitidos
- Jugar videojuegos en los horarios permitidos
- No responder con enojo, con groserías o golpes
- Hacer la tarea a una hora determinada
- Salir a jugar únicamente si ya hizo la tarea

Cuanto menos normas se manejen, los resultados serán mejores. Así que es importante ser firmes en la aplicación de consecuencias para que las normas se vayan convirtiendo en hábitos y se reduzca la lista. Algo que puede facilitar el cumplimiento de normas a niños pequeños es ponerles un horario en una pared a una altura que les sea accesible. Se sugiere diseñarlo de manera atractiva y con imágenes que llamen la atención. Una vez que las actividades del horario se hayan convertido en hábitos, será posible dejar de usarlo.

Una ventaja de utilizar un horario es que ayuda a eliminar el factor personal en la aplicación de reglas. De este modo los padres pueden decir frases como: "Aquí en tu horario dice que te toca bañarte", y transmitir que las normas no son arbitrarias o espontáneas, sino que han sido establecidas con anterioridad.

LA DEFINICIÓN DE NORMAS Y CONSECUENCIAS

A la hora de definir las normas o límites, los expertos hacen a los padres las siguientes recomendaciones:

- Que las normas sean claras y justas.

- Cuando busquen la aplicación de una norma, dar una orden a la vez, ya que las órdenes múltiples confunden.

- Cuando den órdenes, tratar de que sean en positivo. Pero no deben temer decir frases que comiencen con un "NO hagas…".

- Conforme vayan aplicando las normas, es importante abrirse a manejar excepciones, ya que estas son imprescindibles en toda regla.

- Ajustar la lista de normas de acuerdo con la edad y grado de madurez del niño, y cuidar que la lista se mantenga lo más breve posible.

- Mostrar coherencia, es decir, predicar con el ejemplo. No pedir a los niños algo que los padres no hacen en la vida real.

- Decir con claridad las consecuencias del incumplimiento de las normas y aplicarlas.

- Tratar de que las consecuencias vayan en relación con la falta cometida. No manejar consecuencias fuera de la realidad como: "Si no levantas lo que tiraste, no te va a traer nada Santa Claus", ya que es obvio que los padres no pueden hacer cumplir una consecuencia de esta índole. Tampoco se debe utilizar el miedo con frases como: "Si no te portas bien, te va a llevar El Viejo". En cambio, no se recomienda establecer consecuencias que vienen como resultado automático de la acción, por ejemplo: "Si rompes tus juguetes, después no vas a tener con qué jugar".

- Reconocer los esfuerzos de los niños y estimularlos.

- No utilizar sermones cuando el niño no cumpla alguna de las normas, sino remarcar el hecho y, si hay consecuencias, aplicarlas.

- Reconocer los propios errores, ya que nadie está exento de ellos.

- Aceptar que el niño se equivoque y no pretender que sea perfecto. Así aprenderá del error.

- Aprender a utilizar el humor para distender situaciones problemáticas.

- Respetar los estados emocionales del niño y enseñarlo a manejarlos adecuadamente.

- Evitar caer en contradicciones en cuanto a la aplicación de las normas entre padre y madre, lo mismo que entre padres y abuelos.

- Si los padres notan que no están teniendo éxito en la aplicación de las normas y sienten que la situación se acerca a un punto crítico, ¡deben pedir ayuda! El apoyo de un profesional de la conducta ayudará a poner las cosas bajo control.

El manejo de normas o límites en el hogar es muy positivo para los niños, ya que así aprenden que en la convivencia social hay reglas qué cumplir y que su incumplimiento tiene consecuencias.

Generalmente la agresividad y el mal comportamiento son consecuencia de problemas en la dinámica del hogar: los niños que se expresan así están diciendo que tienen miedo, que se sienten inseguros, desatendidos, que tienen problemas que no han sido resueltos o que afrontan problemas emocionales importantes.

Los problemas emocionales

La emoción es una reacción del cuerpo a un pensamiento consciente o inconsciente. Son emociones: amor, pasión, deseo, alegría, euforia, compasión, orgullo, odio, ira, miedo, pánico, angustia, ansiedad, etcétera.

A veces se habla de que algunas emociones son positivas, como el amor, y otras son negativas, como el odio. Sin embargo, la realidad es que incluso las emociones negativas pueden ser buenas, siempre y cuando se aprendan a manejar y a superar en tiempos cortos. Una tristeza momentánea es parte de nuestra vida cotidiana, pero una tristeza profunda nos puede llevar a la depresión y a otras enfermedades. Las llamadas emociones positivas también pueden provocar problemas de salud. Por ejemplo, un exceso de alegría podría ocasionar la muerte.

Las emociones son parte de la vida diaria y es necesario experimentarlas, pero debemos aprender a manejarlas adecuadamente desde la niñez. Hoy se sabe que una gran cantidad de problemas de salud tienen causas emocionales. Más aún, hoy sabemos que muchas de las emociones que nos afectan en la vida diaria están gobernadas por la mente subconsciente. Así es como frecuentemente nos vemos sufriendo sin saber por qué y a los niños les ocurre lo mismo. Por ejemplo, cuando los padres ven que su hijo tiene problemas y tratan de que este les diga qué tiene, pero él simplemente no puede hacerlo porque no sabe qué le está ocasionando el problema, seguramente es su mente subconsciente la que está tomando el control.

Por ello, si en alguna ocasión un niño baja sus calificaciones, no es necesario hacer un escándalo, sino hablar con él y buscar qué originó este hecho. Si el problema persiste, seguramente hay circunstancias emocionales que es necesario encontrar y solucionar. Las flores de Bach pueden ayudar a solucionar los problemas emocionales de los niños de manera rápida y sencilla, así que es importante informarse sobre un terapeuta floral en el lugar de residencia.

Otros métodos sencillos que el niño puede aprender para trabajar sus problemas emocionales, son: pintar mandalas, utilizar pensamiento positivo, EFT (técnica de liberación emocional), yoga, reiki, la Reconexión, el código curativo de Alex Loyd y Ben Johnson, entre otros. Vivimos tiempos de cambio, tiempos en que necesitamos abrirnos a nuevas formas de sanar o liberar las emociones. Una muestra de ello es que los niños responden muy bien a estos nuevos métodos.

ACTUAR A TIEMPO

Ante cualquier problema que presenten los niños, la acción oportuna de los padres dará mayor probabilidades de éxito en su resolución. Los problemas de motricidad, de audición, de lenguaje, la dificultad para realizar ejercicios físicos, ser víctima del acoso escolar, las dificultades para comunicarse o para hacer amistades, la obesidad infantil, y otros problemas no atendidos a tiempo pueden aislar al niño y crearle problemas de conducta serios.

Si los padres no saben cómo actuar ante estos problemas, deben buscar ayuda inmediatamente, porque cuanto más tiempo pase, es más probable que los problemas se estanquen y que sea más difícil superarlos.

Para los futuros padres

Traer un hijo al mundo es un acto sagrado en el que dos personas deciden cooperar para que un alma baje a la Tierra, pues consideran que el momento que viven es propicio, en todos los aspectos, para disfrutar la presencia de un nuevo ser que representa la unión de ambos.

El embarazo es un periodo muy importante para la pareja y para el futuro niño. Ahora sabemos que nuestro cuerpo almacena memorias celulares que empiezan a conformarse antes de que el niño nazca y que la genética es importante para el correcto desarrollo del nuevo ser. No obstante, también es importante el entorno en el que el feto se está gestando, la alimentación que recibe la madre, los cuidados que esta tenga, etc. Es recomendable ser precavidos en esta etapa, pero no miedosos ya que el miedo se opone al amor y a la felicidad, y siempre debemos ser amorosos.

Por lo anterior, se recomienda investigar acerca de las diferentes formas de estimular a los futuros hijos durante el embarazo y en sus primeros años de vida. Leer este libro puede ser de gran ayuda para tener un mejor panorama sobre cómo llevar una vida equilibrada que permita que los hijos nazcan y se desarrollen bien, evitando la aparición del TDAH y otros problemas. En las manos de los futuros padres está la prevención.

CAPÍTULO 5

LOS MAESTROS DE HOY

Dime y lo olvido, enséñame y lo recuerdo,
involúcrame y lo aprendo.
Benjamin Franklin

La educación de los niños empieza en el hogar y continúa en la escuela, por lo que tanto padres como maestros deben participar de manera conjunta en la estimulante tarea de ser educadores. En la primera infancia, la responsabilidad de la educación recae primordialmente en los padres, quienes la compartirán luego con los maestros; hay que tener claro que en ningún momento es una tarea exclusiva ni de los padres ni de los maestros.

CAMBIOS SOCIALES QUE AFECTAN A LOS EDUCADORES

Tuve la fortuna de ser educado en el hogar hasta los siete años, edad en la que entonces se ingresaba a la escuela primaria.

Las cosas han cambiado para los niños de hoy en México: en primer lugar, se redujo la edad de ingreso a la primaria (de siete a seis años); luego se implementó de manera obligatoria el tercer grado de preescolar, así que ahora los niños entran a primer grado de preescolar a los tres o cuatro años.

Por otra parte, en nuestro país ha ido creciendo el número de escuelas de tiempo completo, lo que implica que una parte de la responsabilidad de la educación de los niños se está transfiriendo a los educadores infantiles y los maestros.

Lo anterior representa un cambio decisivo en el escenario educativo y la consecuente obligación de comprenderlo y adaptarse a él.

Estimular el aprendizaje de manera adecuada

Una gran parte del quehacer del educador se desarrolla en el campo de juegos; y jamás un profesor logrará conquistar de verdad el corazón de sus alumnos si no juega con ellos.

Krishnamurti

En la actualidad el reto de la educación, en México y el mundo, consiste en renovar e innovar en las escuelas y crear una masa crítica de maestros, alumnos y padres que trabajen bajo nuevos modelos educativos, por ejemplo:

- El método Shichida, en el cual se propone que los niños sean educados desde las etapas tempranas para aprovechar sus fortalezas; sin embargo, ello implica un cambio en la educación para superar las inercias de los actuales sistemas educativos.

- Pedagooogía 3000 hace hincapié en que los niños aprenden mejor si en el proceso educativo hay sonido, color y movimiento; por tanto, una educación basada en la experiencia, la acción, lo lúdico, es más adecuada que la enseñanza tradicional, en la que el maestro es un mero transmisor de información y los niños, quietos en sus pupitres, son receptores pasivos.

- En el programa Herramientas de la Mente, implementado en el nivel preescolar en Estados Unidos, los niños aprenden en un aula adaptada como escenario para que las actividades sean prácticas y divertidas, a la vez que se les hace responsables de su aprendizaje.

- La pedagogía Waldorf, semejante al modelo educativo instituido en Finlandia, empieza a tener cada vez más adeptos en algunos países. Sin embargo, en muchos no hay todavía escuelas Waldorf, lo que para los empresarios de la educación podría significar un reto importante.

- Existen otros métodos educativos que se enfocan en "aprender, hacer y ser", pero el avance en la implementación es aún lento. Vemos, por desgracia, un gran número de escuelas que enfrentan dificultades para educar a los niños con un modelo educativo que simplemente no está pensado en sus necesidades.

De la página del proyecto Pedagooogía 3000 pueden bajarse de manera gratuita un buen número de materiales; el lector también puede buscar el sitio Web del proyecto emAne International y participar en él. Ambos son proyectos generosos que ponen a disposición de la comunidad educativa muchos materiales para la nueva educación.

El aprovechamiento de las inteligencias múltiples es clave, ya que no puede asumirse que todos los niños son iguales, ni que todos estarán preparados para desempeñar los mismos roles en la sociedad. Cada niño es único y posee una combinación de cualidades y habilidades singular; por tanto, el proceso de aprendizaje debe ser congruente con las inteligencias que predominan en él y trabajarlas a su propio ritmo.

Me sorprendió gratamente recibir un video del Colegio Montserrat, de Barcelona, donde explicitan su modelo educativo basado en las inteligencias múltiples y con el que han obtenido resultados sorprendentes. Uno estaría tentado a pensar que un colegio de monjas debe ser por fuerza un colegio conservador, pero en este caso es todo lo contrario; sor Montserrat del Pozo ha conducido con éxito un proyecto de innovación que pone la muestra a otras escuelas. Este colegio comparte abundante información sobre su proyecto y así pudimos enterarnos de que, para la enseñanza de las matemáticas, utilizan los materiales de EntusiasMat, basados en las inteligencias múltiples.

LAS DIFICULTADES Y LAS INERCIAS

Estimular el aprendizaje no es tarea sencilla en las escuelas tradicionales, puesto que, además de haber dejado el hogar a una edad muy temprana, los niños presentan cualidades diferentes y esto vuelve más complejo el proceso educativo. Si a lo anterior se suma que en muchos países no hay planes ni programas educativos que fortalezcan las capacidades de los maestros, se comprende mejor por qué las escuelas tradicionales enfrentan, con desventaja, un cúmulo de problemas con sus alumnos.

Necesitamos sin duda nuevos modelos educativos, porque los niños aprenden hoy de manera diferente, porque cada niño es único y porque la escuela tiene que desempeñar parte del trabajo que antes realizaban los padres, principalmente en los niveles de guardería y preescolar. En la educación primaria, los maestros deben estar preparados para resolver los problemas que plantean los niños que llegan con una formación deficiente, sobre todo respecto a fijar límites claros y cumplir con las normas, independientemente de que el TDAH haya aparecido en la etapa de preescolar y puede llegar a ser un problema difícil de manejar debido a una atención inadecuada.

Hoy día el principal debate de la educación en México se centra en la evaluación de los maestros, cuando el tema principal tendría que ser el cambio en el modelo educativo. Constantemente se promueven cambios, pero el modelo educativo se mantiene intacto, y eso dificulta la labor del maestro porque por lo general se conserva lo anterior y se incorpora lo nuevo o se agregan nuevos requisitos y formatos que llenar. Las escuelas que siguen métodos como el Montessori también están obligadas a cumplir con los planes y programas oficiales de la Secretaría de Educación Pública (SEP), y sí, lo logran, ¿pero cuál es el precio que pagan maestros, alumnos y padres para abarcar los dos programas?

En el modelo educativo finlandés no existe una intervención exagerada de los funcionarios del Estado, los libros de texto no son voluminosos y los maestros tienen amplia libertad para preparar los temas. En modelos como el mexicano se ha creado un sistema educativo híbrido que finalmente es tradicional y excesivo en libros, materiales, regulaciones, normas y evaluaciones. Consideramos que la respuesta está en la simplicidad más que en la complejidad, y que los sistemas educativos complejos estarán siempre a la zaga en el ámbito internacional.

LA FUNCIÓN DEL DOCENTE

La mayoría de los docentes realizan su trabajo sometidos a un alto nivel de estrés, ya que los niños suelen presentar más problemas que antes, por todo lo que hemos expuesto. El sistema educativo en México, no motiva a los maestros pues en general están mal pagados y mal capacitados. Son pocos los profesores que logran ganar un sueldo decoroso, pero no suficiente como para asistir a cursos por su cuenta, y casi toda la capacitación que reciben depende de la institución donde laboran.

Empero, un buen número de maestros que conozco aman su trabajo; muy pocos se muestran renuentes a la capacitación, a implementar actividades y métodos innovadores, a ensayar un cambio verdadero. Más bien, es el sistema educativo el que favorece el rezago y la desmotivación. Los profesores comprenden que deben ser guías de niños y jóvenes, más que simples transmisores de información, y están abiertos a aprender de sus alumnos y reconocer en ellos a "pequeños maestros". Cuando enfrentan problemas en el salón de clase, se preguntan qué factores se han activado en el entorno del niño para que pierda la concentración, el interés, la motivación, y poder ayudarlo a resolver el problema de raíz.

El maestro-guía comprenderá que en ocasiones será el maestro y a veces el alumno, porque cada día, sin excepción, se presentan oportunidades de aprendizaje. Y podrá verse gratamente superado por estas conciencias que, estimuladas de forma adecuada, le mostrarán que ellos son el siguiente paso en la evolución de la humanidad.

Cuando el maestro cambie de verdad, verá con satisfacción los frutos de su trabajo: los niños y los jóvenes florecerán, cambiarán su comportamiento para bien, obtendrán mejores notas y los padres se mostrarán complacidos de los resultados. Los castigos se erradicarán cuando el maestro comprenda que es el eslabón principal para traer armonía a la sociedad, que no debe esperar que los psicólogos o los psiquiatras resuelvan el TDAH y otros problemas, que él es el eje articulador de una nueva educación que también llegará al hogar.

Para un verdadero maestro, más que enseñar, su función es educar y formar de manera integral a cada ser humano que pasa por sus aulas; así influirá en el entorno general del niño y transformará para bien su hogar.

EDUCAR CON EL CORAZÓN

Educar con el corazón quiere decir ver más allá de las apariencias, más allá del comportamiento y más allá de las limitaciones del niño. Significa tocar su parte esencial, aquello que lo hace diferente y único. Porque cuando logramos acercarnos, libres de prejuicios y expectativas, entonces tenemos la oportunidad de que él nos muestre quién es. Cuando se siente aceptado y respetado puede con seguridad abrirse y palpamos su ternura, su frescura, su inocencia y su calidez.

La cabeza razona y analiza, pero es el corazón el que comprende,
el que perdona y el que es compasivo. Es el corazón el que aprecia
lo que realmente tiene significado y hace a un lado lo intranscendente.
Es el corazón el que valora y ama.

Rosa Barocio

(Tomado de rosabarocio.com)

Una nueva educación basada en el corazón debe ofrecer a los niños la libertad de expresar sus emociones, y fomentar que los maestros-guías se interesen más por el estado emocional de sus niños. Si un alumno llega al salón de clase agobiado por conflictos emocionales, es mejor dedicar cinco o diez minutos a escucharlo y tratar de que se relaje, para que esté en condiciones óptimas de aprender.

El encuentro diario entre el maestro-guía y el niño tiene que ser una experiencia plena, que se disfrute; el maestro debe valorar cada día y cada instante, y también a cada uno de sus alumnos. Para ello, el alumno debe llegar al salón en un estado emocional propicio para el aprendizaje, mientras que el maestro deberá hacerlo en armonía interior; al finalizar las clases, el estado de armonía permanecerá en él o ella, a pesar de las dificultades que se hayan presentado en el quehacer. Esto lo expresan de manera elocuente José María Toro, autor de *Educar con el corazón*, y Carlos González Pérez, autor de *Veintitrés maestros de corazón. Un salto cuántico en la enseñanza*. Además de estas obras, el lector podrá encontrar en Internet mucha información y videos sobre este tema.

ALIMENTA SU IMAGINACIÓN, SU CREATIVIDAD Y SU PRACTICIDAD

Dada la plasticidad cerebral del niño, es posible obrar maravillas en él. Hasta los seis o siete años podemos aprovechar y alimentar su imaginación por medio de cuentos, juegos o con materiales educativos lúdicos.

En las escuelas, es importante integrar actividades o talleres que estimulen la creatividad. Una forma sencilla de estimularla es ponerlos a pintar mandalas, seleccionados de acuerdo con su edad. Tres mandalas a la semana durante un mes provocarán una gran transformación en los niños. Al final, es conveniente cerrar con un mandala creado por ellos mismos.

Es bueno enseñarles cosas prácticas que los ayuden en las tareas del hogar, a cocinar cosas sencillas que no representen riesgos, cultivar y abonar plantas, alimentar animales de granja, elaborar germinados. Estas actividades prácticas se pueden vincular con las diferentes materias; por ejemplo, en la cocina pueden aprender de manera práctica las fracciones: una taza, media taza, un cuarto de taza, etc. La gimnasia cerebral ha demostrado ser efectiva para mejorar el rendimiento escolar, y en muchas escuelas se realiza de manera cotidiana como parte de los ejercicios de activación física.

¿SE DEBE PERMITIR EL CELULAR EN EL SALÓN DE CLASE?

Mi formación profesional en el área de ingeniería en sistemas computacionales me inclina decididamente hacia la tecnología, sin embargo, juzgo que el uso del celular en el salón de clase es un fuerte distractor. Pueden crearse aplicaciones interesantes para aprovechar los celulares con fines didácticos, pero es importante considerar que este aparato contiene muchas otras aplicaciones que jalan poderosamente la atención del alumno.

En consecuencia, para el maestro competir por la atención de los niños contra tantos "maestros" o distractores disponibles en el celular es una labor muy difícil.

El uso de computadoras y tabletas es indiscutiblemente benéfico en el aprendizaje, siempre y cuando haya reglas para su uso y firmeza en la aplicación de consecuencias para quienes violen dichas reglas. La institución debe informar con claridad si se permite introducir celulares en el aula, y si no se permite, instalar gavetas donde los alumnos puedan guardarlos antes de entrar al salón.

No permitir el uso de celulares es como no permitir fumar dentro de la institución, una regla más que debe ser observada estrictamente por el alumno y su aplicación tiene que estar regulada por la institución más que por el maestro.

ENSEÑAR APRENDIENDO

Elaboré la teoría de la integración relacional; una teorización del desarrollo de las relaciones integrales entre las personas, basada en el amor, la disciplina, la religiosidad, la gratitud, la ética y la ciudadanía.

Içami Tiba

En *Enseñar aprendiendo,* el terapeuta y educador brasileño Içami Tiba, con base en su experiencia en el terreno de la educación, ofrece guías claras sobre cómo preparar adecuadamente las clases para que los alumnos mantengan la atención, construyan aprendizajes significativos y alcancen sabiduría.

Después de la lectura de este libro, me queda claro que los docentes deberían arriesgarse más en lugar de solo enfocarse a la transmisión de grandes volúmenes de información. El siguiente paso en este proceso educativo tradicional es que el "aprendizaje" sea evaluado y validado por medio de exámenes y que, al cabo de un tiempo, el alumno haya olvidado la mayor parte de la información. En lugar de esto, podría hacerse una selección de los temas fundamentales de la asignatura y darle más peso al aprendizaje y la transformación de la información en conocimiento, cosa que solo se logra si los estudiantes son capaces de aplicar lo aprendido en la vida diaria. ¿De qué sirve cumplir con el requisito de la enseñanza —entendida como la acción de entregar montañas de información— si muy poca es retenida por el alumno?

LA EDUCACIÓN LAICA

La educación laica es un concepto que, entendido adecuadamente, es de gran beneficio para los pueblos, pero mal implementado puede ir en detrimento de la espiritualidad y los valores.

Hoy día la ciencia está en un punto de inflexión, es decir, los últimos avances y descubrimientos han mostrado que es poco lo que la ciencia sabe en muchos campos de la realidad y que para superar esa falta de conocimiento se requiere romper con muchos paradigmas. La conjunción de ciencia y espiritualidad es algo que ya está ocurriendo, y tiene que empezar a llegar a los salones de clase, porque no podemos seguir tratando de explicar la realidad de este mundo sobre bases tambaleantes.

La base del laicismo tiene que ser la libertad de creencia o de no creencia, así que los maestros deben sentirse libres de ampliar los horizontes de sus alumnos en el tema de la espiritualidad sin presión alguna.

En *La verdad profunda*, Gregg Braden explora algunos conceptos científicos que claramente están desfasados e incompletos, y afirma que reconocer esta incompletitud es la base para una transformación radical del mundo y de la forma en que los seres humanos nos relacionamos.

¡HAY TANTO QUE APRENDER!

Me queda poco que agregar en un capítulo que aborda el tema de la nueva educación y los maestros de hoy. ¿La razón? Porque se trata de un conocimiento que debe obtenerse directamente de los especialistas en el tema.

Para ahondar en esta temática, el lector puede visitar el sitio de Pedagooogía 3000, leer el libro de Noemí Paymal y otras obras sobre la nueva educación, además de revisar artículos y videos, tomar cursos o capacitarse en alguna pedagogía, como la de Waldorf.

En Internet encontrará el video *Pedagogía 3000 en 13 sencillos pasos,* que muestra un resumen del proyecto de Noemí Paymal. Un trabajo que también vale la pena es la película *La educación prohibida,* disponible en línea; en este filme se recoge la opinión de un gran número de educadores y se muestran pasajes sobre varias escuelas o métodos educativos.

CAPÍTULO 6

CUANDO LAS COSAS SE SALEN DE CONTROL

Los padres de familia suelen hablar de las nuevas generaciones
como si no tuvieran nada que ver con ellas.

Anónimo

La siguiente escena le puede suceder a cualquier padre de familia: de la escuela lo mandan llamar para informarle acerca del comportamiento de su hijo, quien, a decir de los maestros, presenta TDAH. La situación llega a tal punto, que el padre debe hacer algo pronto o su hijo será expulsado del colegio, y quién puede imaginarse hoy que su hijo se quede sin educación.

Ante este panorama, urge una solución, ¡la que sea!, y este es el campo fértil para la medicación.

Y, SIN EMBARGO, NO ES ESTE EL INICIO DEL PROBLEMA

La escena anterior no es, desde luego, el inicio del TDAH. Si el problema llegó a este punto es porque los padres han ignorado muchas señales en el comportamiento cotidiano de su hijo y han dejado pasar oportunidades para convivir y saber más de él.

Todo padre debería poder identificar en qué momento su hijo está pasando por un problema pasajero o si se trata de un problema recurrente que podría ser grave. También debe percatarse de que el niño se mueve de manera excesiva, como si no tuviera control de su cuerpo. Y darse cuenta de cuándo el niño deja de dar respuestas amables y normales, y empieza a responder enojado o de modo agresivo. Todo padre tiene que desarrollar la capacidad de notar cuándo el niño afronta un problema emocional importante y cuándo su mundo de felicidad comienza a empañarse.

Si el niño baja drásticamente de calificaciones de un bimestre a otro, este puede ser un indicio de que algo pasa en su interior. Si el padre actúa en cuanto detecta el problema, si analiza la situación, si platica con su hijo y empieza a hacer ajustes en la dinámica familiar, es probable que pueda desactivarse la problemática con relativa facilidad; puede incluso desactivar la hiperactividad en su fase inicial, comunicándose de forma efectiva y asertiva con él, con amor y paciencia.

El problema es que los padres no están atentos a las señales que mandan sus hijos, porque suelen estar agobiados por el trabajo, o porque llegan cansados al hogar, o porque se llenan de compromisos sociales, o porque la mamá padece depresión, etc. Transcurren así semanas, meses y años sin que suceda cambio alguno en la dinámica del hogar a fin de recuperar la armonía que alguna vez tuvo la familia. En ocasiones, ocurre justo lo contrario: el comportamiento inadecuado es cada vez más difícil de solucionar y los problemas escalan en gravedad, pudiendo llegar a la agresividad.

La mayoría de los casos de trastorno por déficit de atención con hiperactividad (TDAH) se activan ante una situación que saca de balance al niño. La prontitud en la atención permite mayores posibilidades de éxito, incluso desactivar totalmente el TDAH.

CAMBIOS EN LA DINÁMICA DEL HOGAR

Si la hiperactividad se detonó en las últimas semanas y los padres empiezan a dedicar tiempo al niño, a jugar con él, atenderlo en un horario y, sobre todo, que el menor tenga la certeza de que sus padres están presentes en su vida, los resultados favorables se verán en cuestión de días; incluso el mismo día en que se inicia podrá apreciarse un cambio formidable.

Si la hiperactividad se detonó en meses o años anteriores, lograr resultados importantes llevará tiempo, porque el problema se habrá enraizado como un hábito pernicioso en el niño. Primero que nada, debe haber cambios en el hogar antes de pensar en atender al niño con cualquier tipo de terapia.

Los cambios en la dinámica del hogar potenciarán los resultados de la terapia que se ofrezca al niño. Por el contrario, la falta de disposición a los cambios y a corresponsabilizarse de la problemática hará que los resultados sean lentos, incluso que los avances logrados en las terapias se vean anulados por las dinámicas inadecuadas en el hogar.

Se ha hablado ya de lo que puede sacar a los niños de equilibrio, así que es importante hacer un repaso de estos temas y ver cuáles están presentes en el hogar para tomar medidas inmediatas y eficaces.

ATENCIÓN, AFECTO, AMOR

Es un hecho que cuando hay atención, afecto y amor en un hogar son menores las posibilidades de que los hijos presenten trastorno por déficit de atención con hiperactividad.

La atención, el afecto y el amor son alimento para los niños; esto explica, aunque no de manera concluyente, que haya niños que comen muy poco y que, sin embargo, se mantienen sanos. Claro que no en todos los niños se ven resultados tan notables, por lo que nuestra recomendación es cuidar una alimentación balanceada de los niños.

Si observamos un cambio importante en el comportamiento de los niños, tenemos que hacer un esfuerzo real por comprender la situación. Entendamos que los niños de hoy son diferentes de los de antes, que la forma en que nosotros fuimos educados en el hogar y en la escuela puede no ser la adecuada para educarlos a ellos. Reconozcamos que efectivamente existe un cambio generacional en el hogar y en la escuela.

Analicemos si el niño es hipersensible a algo o si ha ocurrido un cambio en el hogar que esté provocando una reacción en él. Recordemos que su hipersensibilidad lo hace estar atento a todo, y aunque parezca no darse cuenta de los problemas, registra todo lo que acontece en su entorno.

Revisemos en primer lugar cómo está en lo emocional. ¿En los últimos días o semanas ha habido un cambio importante en este sentido? Quizás se ha modificado la alimentación y en las últimas semanas el niño ha consumido en mayor cantidad comida rápida (en especial azúcares o harinas refinadas). Examinemos también cuál es la dinámica de los adultos, por ejemplo, si ha habido una carga excesiva de trabajo y, en consecuencia, el niño ha sido desatendido.

La negación es un recurso inconsciente que activamos cuando en nuestro entorno hay algo que no nos gusta. El TDAH es algo serio y, por tanto, debemos cuestionarnos honestamente si estamos en un proceso de negación para evitar comprometernos a emprender cambios que nos saquen de nuestras rutinas habituales.

PROBLEMAS EN LA ESCUELA Y EL HOGAR

La falta de atención, los problemas de aprendizaje y el comportamiento inadecuado están poniendo de cabeza a muchas aulas. Los profesores manifiestan que los niños se distraen constantemente, juegan a toda hora en el salón de clase, algunos se muestran agresivos con los demás o se mueven continuamente de lugar. Para los padres, los problemas son los reportes escolares, las bajas calificaciones o la dificultad de los hijos para concentrarse en hacer sus tareas; por ejemplo, un trabajo que podría hacerse en media hora les toma varias horas.

Tanto maestros como padres consideran que el "comportamiento inadecuado" de los niños es un verdadero problema; estos comportamientos incluyen: no querer hacer las tareas que tienen asignadas; no poder estar quietos en un lugar; retar a la autoridad; mostrarse agresivos con otros niños, los maestros o los mismos padres; declararse incapaces de hacer por sí mismos las cosas; demandar atención excesiva; interrumpir a los demás de manera reiterada; enojarse o enfurecerse; no escuchar o aparentar que no escuchan; no seguir las reglas establecidas en el salón de clase o en el hogar; mentir; tomar las cosas de otros niños. Problemas como el autismo, los trastornos motrices, los trastornos del habla, las ausencias y los episodios convulsivos, el síndrome de Down, quedan fuera del ámbito de este libro.

EL TDAH Y LA AGRESIVIDAD EN LA ESCUELA

Desde el punto de vista de los maestros, los principales problemas de los niños de hoy son:

- Hiperactividad e impulsividad.
- Agresividad.
- Déficit de atención.

La *hiperactividad-impulsividad,* junto con la *agresividad,* son los problemas que más afectan la dinámica en el salón de clase y sobreestresan a los maestros. El *déficit de atención* implica trabajo adicional para los maestros y los encargados de educación especial.

¿Cuáles son las señales de que un niño presenta hiperactividad-impulsividad? Se mueve constantemente, ya sea sentado o de pie; mueve manos y pies sin control; no permanece en su asiento; a veces corre por el salón, habla mucho, no puede hacer actividades que requieran estar en un solo lugar y en silencio; no espera turno para hablar; interfiere y sabotea las actividades y juegos de los demás, etc. Parecería que estos niños tuvieran un motor por dentro, son incansables y muy difíciles de controlar en clase, en casa y en reuniones sociales.

¿Cuáles son los indicios de que un niño presenta déficit de atención? Se le ve distraído o ausente; no presta atención a las explicaciones del maestro y cuando se le pregunta sobre un tema no puede responder adecuadamente; no puede desarrollar los trabajos en clase porque no ha estado atento a las indicaciones; a menudo deja trabajos sin terminar; se rehúsa a hacer los trabajos que exigen más trabajo mental; pierde sus útiles u olvida lo que tiene que hacer; no anota las indicaciones de las tareas.

Sin embargo, hay que tener cuidado antes de canalizar a un niño con un especialista para saber si presenta déficit de atención, porque a veces puede ser solo falta de interés por ciertos temas o simplemente que no comprenda lo que el maestro explica y se distraiga el resto del tiempo; también ocurre a menudo que el niño tiene especial resistencia con alguna materia.

Es importante que desde la propia escuela pueda detectarse a los niños con trastorno por déficit de atención, pero también lo es contar con un plan de trabajo para atenderlos, por ejemplo: hablar con los padres y ayudarlos a diseñar cambios en la dinámica familiar; trabajar con los niños en dinámicas que, con la guía de un especialista en problemas de conducta, ayuden a eliminar el déficit de atención; realizar ejercicios de armonización al entrar al salón; cambiar la dinámica de algunas clases haciéndolas más prácticas y divertidas.

Los maestros de educación especial deben estar actualizados en el TDAH y prepararse para trabajar con los padres y los niños. Es esencial suprimir las críticas a la actuación de los padres, y concentrarse en crear un ambiente de apoyo mutuo. Si no hay planes bien definidos en las escuelas para atender el TDAH, la puerta fácil seguirá siendo la medicación. Por último, pero no menos importante, es que los maestros consideren de la manera más objetiva si el método actual de enseñanza es el adecuado para estos niños.

RECOMENDACIONES A LOS MAESTROS

En el capítulo anterior ofrecimos una serie de recomendaciones para los padres de niños TDAH. Ahora mencionamos las que pueden ayudar a los maestros:

- Conocer a los alumnos. Identificar sus cualidades y explotarlas; identificar sus limitaciones y crear técnicas para que puedan superarlas.

- Buscar técnicas específicas para ayudar a niños TDAH. Lo que el maestro vive en su salón de clase otros ya lo vivieron y mucha gente comparte sus experiencias positivas.

- Colocar a los niños con hiperactividad más cerca del maestro, de preferencia sentarlos en el centro para que no tengan distracciones visuales con las ventanas.

- Asignarles tareas que los hagan sentirse aceptados y valorados.

- Explicar con claridad las normas y consecuencias definidas por la institución.

- Dar una orden a la vez cuando se aplique una norma.

- Tener la sensibilidad para negociar las normas, pero debe ser algo excepcional.

- Cuando se den órdenes, tratar siempre de que sean en positivo. No hay que tener miedo de decir cosas como: "No hagas esto o aquello".

- Reconocer el esfuerzo con frases concretas sobre lo que el niño hizo adecuadamente.

- No usar sermones para corregir; es mejor remarcar el hecho, y si hay consecuencias, aplicarlas.

- Si el maestro se equivoca, debe reconocerlo.

- Evitar caer en el enojo, los gritos, la frustración, el reproche. Ello solo hará más grande el problema.

- Buscar algún método, preferentemente lúdico, para estimular, reforzar la autoestima, la confianza y los valores. Es importante el manejo de premios, que no necesariamente tienen que ser de tipo material. Si es posible integrar a los padres en el juego, mucho mejor.

- El maestro debe ser paciente en el logro de sus objetivos. Recordar que las conductas inadecuadas irán desapareciendo paulatinamente a ritmos diferentes en cada alumno.

- Reconocer los avances en lograr el autocontrol del grupo, por pequeños que sean.

- Las observaciones a los padres deben ser objetivas y concisas. Tratar de innovar en la forma de presentar las observaciones a los padres.

Algo importante: aunque aquí se ha indicado qué comportamientos pueden ser indicio de que un niño presenta TDAH, es importante que el maestro nunca intente hacer un diagnóstico o sugiera a un padre medicar a su hijo. Primero hay que trabajar con el niño y los padres, y agotar todos los recursos antes de pedir ayuda a un profesional de la conducta.

En el mundo existe un país en el que prácticamente no hay niños con TDAH (Finlandia) y eso está estrechamente relacionado con la formación en el hogar y en la escuela. A pesar de que en varios países de Latinoamérica hay nuevos sistemas educativos, no se ha implementado un tratamiento especial para el TDAH. Un sistema educativo que dé importancia al manejo de las emociones y a la liberación de bloqueos energéticos está haciendo una labor de prevención sobre el TDAH, impidiendo que los factores que lo detonan tengan un efecto sostenido en el niño.

Para incrementar su eficacia es necesario que el maestro tome riesgos, se atreva a hacer cosas diferentes en el salón de clase, investigue qué han hecho otros maestros para enseñar autocontrol a sus alumnos, asista a cursos y talleres sobre nueva educación, ponga en marcha cambios y cree su propio método didáctico.

¿Es la psicoterapia la solución?

La psicoterapia es, sin duda, una alternativa para ayudar a los niños, pero cada escuela debe contratar un psicólogo que verdaderamente esté capacitado para atender a niños con TDAH y a sus padres. Hoy, la mayoría de los casos están llegando a psiquiatras que los medican, y eso es algo que puede evitarse.

En *El déficit de atención sin fármacos. Una guía para padres y docentes,* la psicóloga infantil Gladys Veracoechea Troconis explica la manera en que atiende a niños TDAH sin emplear fármacos; el tratamiento que ella utiliza consiste en una bioterapia más una terapia cognitivo-conductual. La autora se apoya en un grupo multidisciplinario de especialistas para atender los temas de salud, neurológicos, alimentarios y psicológicos.

Este libro es una guía básica para que los psicólogos puedan ser parte integral de la solución del problema del TDAH. El psicólogo no debe sentirse contento de haber diagnostico correctamente a un niño con TDAH si a final de cuentas la medicación es la solución en la mayoría de los casos. Debería ser lo contrario: solo en algunos casos la medicación tendría que ser parte del tratamiento, y en la mayoría, la psicoterapia será la solución.

Cada vez hay más libros y artículos de psicólogos sobre el TDAH; por tanto, es el momento de prepararse, de leer mucho, de asistir cursos y talleres, de confiar, pero también de dudar, de investigar con mente abierta, con disposición a romper paradigmas.

Necesidad de mejores diagnósticos

Tuve la oportunidad de conocer a una doctora que trabaja con homeopatía y atiende el TDAH haciendo primero un electroencefalograma y luego apoyándose en un neurólogo experimentado para dar el tratamiento en cada caso. Los resultados que obtiene son muy prometedores, pues sabe exactamente qué medicamentos homeopáticos son los que necesita el niño para regular sus funciones cerebrales.

Sabemos que a un gran porcentaje de niños se les diagnostica TDAH solo con base en su comportamiento, lo que tiene el riesgo de dar medicamentos para un padecimiento cuando el niño en realidad tiene otro.

Los síntomas pueden ser muy engañosos. Ya sea para recetar medicamentos farmacéuticos u homeopáticos, es recomendable contar siempre con un diagnóstico basado en pruebas objetivas (electroencefalograma), ya que de este modo pueden minimizarse los riesgos de una medicación equivocada. Si los electroencefalogramas no muestran irregularidades, es conveniente abrir nuestra mente a otras ayudas posibles y no pensar exclusivamente en medicar.

LAS NUEVAS FORMAS DE EDUCAR

En el capítulo 2 se mencionó que existen en la actualidad nuevas formas de educar y que con ellas es posible eliminar, en cierta medida, el riesgo de que se presente el TDAH o minimizar los síntomas cuando el niño ya ha activado esta problemática.

En general, los niños aprenden con mayor facilidad si se les enseña de manera práctica en lugar de saturarlos solo con teoría. Si se modifica la estructura tradicional de maestro-alumno por una de guía-alumno en la que el maestro reconozca que tiene ante sí a una persona con enorme potencial y desempeñe a la vez el papel de docente y alumno; cuando el maestro acepte que el alumno también tiene cosas que enseñar y comprenda que vivimos en un mundo interconectado con alta disponibilidad de información, solo entonces la educación empezará a rendir los frutos que todos deseamos.

El enfoque del modelo educativo no debe centrarse en crear un libro o un material más completo, sino libros y materiales concretos que den mayor libertad a los maestros y los alumnos. Es conveniente que los maestros inicien la planeación de sus asignaturas a partir de bases concretas, complementándola con la información disponible en múltiples fuentes, con la investigación y participación de los alumnos. Los padres deben empezar a conectarse con las escuelas, asegurando que el proceso de aprendizaje sea el adecuado.

El libro *Pedagooogía 3000* es una referencia obligada para los maestros de hoy; quien no lo conozca o no comprenda a profundidad su propuesta didáctica y humanística estará un paso atrás al no poder entender quiénes son los niños de hoy y cuál es el proceso de aprendizaje que más los beneficia. Pedagooogía 3000 es un proyecto generoso donde se comparten muchos instrumentos que ayudarán a sentar las bases de una nueva educación. Estos materiales pueden adaptarse a la realidad de cada país y de cada escuela.

El maestro español Carlos González Pérez, autor de *Veintitrés maestros, de corazón. Un salto cuántico en la enseñanza,* ha puesto su obra a disposición de la comunidad docente internacional, lo mismo que Noemí Paymal, de Pedagooogía 3000. Vivimos en un mundo globalizado en el que Internet hace posible la difusión de libros, videos, materiales, conocimientos, prácticas y muchos otros elementos. Lo importante es abrirnos a la idea de que una nueva educación facilita la solución al TDAH y otros problemas.

¿SON NIÑOS CON CUALIDADES NO APROVECHADAS?

En nuestros días hay cada vez más niños con cualidades innatas que les permitan estar atentos a varias actividades a la vez y realizar simultáneamente múltiples tareas, pero que las aulas tradicionales no aprovechan a cabalidad y terminan ofreciéndoles una educación aburrida. Como se señala en el documental *La educación prohibida*: "La escuela es un espacio de tedio y aburrimiento", en referencia a la educación tradicional.

Javier Altamirano Yoldi, un español a quien en su infancia le diagnosticaron TDAH, ha vivido en carne propia esta situación y tiene su propia visión de ella. Según él, debería ponerse más atención a las cualidades de los niños TDAH y aprovecharlas en vez de reprimirlas; quizás esté en lo correcto porque estos niños han demostrado poseer una gran capacidad de concentración en actividades que los apasionan y, sin embargo, se les diagnostica déficit de atención. Javier comenta que la mayoría de los niños TDAH tienen un problema conductual más que neurológico, lo cual se comprueba mediante un encefalograma en el que no se aprecia actividad eléctrica anormal del cerebro. Dice que el funcionamiento del cerebro de estos niños es diferente, pero que con frecuencia se encuentra hiperexcitado con toda la información que reciben y todas las ondas electromagnéticas que fluyen en su entorno.

También comenta que estos niños comprenden las cosas de forma diferente; analizan los movimientos del cuerpo y perciben las emociones de los demás; al tener activado el hemisferio derecho, muchos de ellos procesan la información rápidamente y eso puede llevarlos a la impulsividad; es la sobrecarga en el cerebro lo que los lleva a la hiperactividad, magnificada si reciben exceso de azúcares y alimentos refinados en su dieta.

Javier ha elaborado videos para exponer su visión alternativa del TDAH. Hay quienes lo critican duramente, pues tienen una postura ortodoxa acerca del tema. Javier puede estar equivocado en algunas cosas pero, ¿quién tiene verdades absolutas en estos tiempos de cambio?

Es claro que el comportamiento de estos niños en el salón de clase y en el hogar choca con las estructuras sociales actuales, pero ocurre que cuando llegan a una escuela de avanzada, el problema se suaviza y hasta deja de considerarse como tal, lo cual confirma lo que él dice: "en muchos casos el TDAH es conductual".

Hay escuelas que trabajan en colaboración estrecha con los padres de familia –por ejemplo, les enseñan a liberar los problemas emocionales de ellos y sus hijos, les muestran cómo diseñar y poner en marcha normas en el hogar, les indican en qué consiste una alimentación sana– para la prevención del TDAH, porque es un hecho que la mayoría de los niños que ahora presentan TDAH no nacieron con este, y hubo momentos en la vida del niño en que el TDAH pudo evitarse.

¿EN REALIDAD TIENEN TDAH?

Con la información ofrecida hasta el momento en esta obra es posible intentar formarse un idea más clara de lo que es el TDAH y por qué ha crecido de manera impresionante en las últimas décadas. Cabe reconocer que se ha creado un lucrativo negocio en torno al TDAH y se está diagnosticando de manera apresurada a los niños como TDAH. He escuchado a psiquiatras que defienden el punto de vista de prescribir recetas para niños diagnosticados con TDAH, argumentando que se trata verdaderamente de una enfermedad y que existe un problema neurológico.

El doctor Fred Baughman, quien ha ejercido como neurólogo y neurólogo infantil por más de 35 años, dice que no existe una prueba contundente de que el TDAH sea una enfermedad. Los profesionales de la conducta que diagnostican y medican a los niños siempre argumentarán que lo hacen científicamente, pero los padres de familia tienen todo el derecho de creerlo o no. Yo soy escéptico cuando en un artículo o un libro se menciona que algo "está científicamente comprobado"; no es más que un cliché. Otra situación desafortunada es que ante la desinformación respecto al TDAH, en las escuelas los directores y los maestros recurren al expediente fácil de que el TDAH es una enfermedad y creen que la medicación es el único método para resolverlo.

Como padres debemos ser cuidadosos y proteger la salud de nuestros hijos. No es racional ni ético solicitar que le den un poderoso psicoestimulante. El niño está indefenso, pero los padres sí tienen conciencia del riesgo que la medicación implica y pueden defenderlo.

En el siguiente capítulo hablaré de algunos productos naturales y otras ayudas que pueden utilizarse para estabilizar al niño, pero lo primero es cambiar la dinámica en el hogar si se quieren ver resultados a largo plazo. Y recuerda, estimado lector, no hay mejor herramienta contra el TDAH que la prevención a través de la atención, el afecto y el amor.

CAPÍTULO 7

AYUDAS

El mejor médico es el que conoce la inutilidad de la mayoría
de las medicinas.
Benjamin Franklin

Vivimos en una sociedad de consumo que nos ofrece múltiples opciones de productos para cada necesidad. En cuestiones de salud, estamos acostumbrados a tratar los síntomas de las enfermedades y dolencias en vez de las causas, por lo que preferimos simplemente tomar una pastilla cuando surge algún problema.En el caso del trastorno por déficit de atención con hiperactividad (TDAH) no es posible simplemente tomar una pastilla para solucionar el problema.

Como ya vimos en capítulos anteriores, la dinámica entre padres e hijos es muy importante; es necesario comprender cómo son los niños de hoy y cómo aprenden para hacer los ajustes necesarios en el hogar y lograr que los niños mejoren.

En cuestión de productos naturales que ayudan a los niños TDAH hay muchas opciones.

En este capítulo mencionaremos algunos, pero es responsabilidad de cada quien investigar más sobre esos productos, las ventajas que ofrecen, su uso correcto y si tienen contraindicaciones. En algunos niños el efecto será muy positivo, en otros habrá una ligera mejoría y en otros podrá no presentarse un beneficio palpable.

¿Vale la pena experimentar con algunos de estos productos, aun a sabiendas de que no funcionan para todos los niños TDAH? En lo personal creo que sí, porque la medicina alópata no garantiza resultados definitivos en pocos meses, sino que es algo que el niño tiene que consumir por años.

He sido testigo de cómo jóvenes recibieron medicamento alópata por más de 10 años y aun así presentaban una gran alteración en la conducta, además de reacciones secundarias.

Omega 3

Los ácidos grasos Omega 3 son reconocidos como las grasas más saludables. La extensa lista de beneficios que se obtienen al consumir cantidades importantes, digamos 3 gramos al día, puede ser consultada en Internet. En el caso de los niños, se han obtenido excelentes resultados en la prevención y mejora del déficit de atención, la hiperactividad y la conducta; y es tan benéfico que a los adultos se les recomienda consumir una cucharada de chía diariamente para obtener este nutriente y mejorar su salud en general.

Hoy en día es posible conseguir suplementos de Omega 3 de origen animal, sobre todo de algunas variedades de pescado, o de origen vegetal, principalmente de la chía. Además, hay en el mercado otros productos de excelente calidad que ofrecen este ácido graso, como los que vienen adicionados con Omega 6, que son aceites vegetales muy especiales; o los que vienen adicionados con Omega 9, que se encuentra en el aceite de oliva y en algunas semillas. Un producto que ha documentado científicamente resultados favorables para tratar el TDAH es Equazen eye q, de origen canadiense.

Compuestos de valeriana, tila y pasiflora

Cuando existe hiperactividad muy elevada, problemas de conducta o problemas emocionales en los niños, un compuesto hecho a base de valeriana, tila y pasiflora ha demostrado tener buenos resultados, ya que esta combinación ayuda a aliviar la tensión nerviosa, la ansiedad y a entrar en un estado de relajación.

Es posible encontrar estos compuestos en pastillas, cápsulas, extractos o jarabes. Dichos compuestos pueden contener ingredientes adicionales que también contribuyan a mantener la mente en paz.

Flores de Bach

Las flores de Bach son excelentes para atender a los niños. Su creador, el doctor Edward Bach, descubrió que la naturaleza nos ofrece las esencias florales para atender los diferentes problemas emocionales y creó 38 esencias para evitar que éstos lleguen a impactar en el nivel físico.

En el caso de los niños, los terapeutas florales recomiendan las siguientes esencias, según el problema que se desee combatir.

Esencia floral	Problema
Verbena *(Verbain)*	Hiperexcitación y entusiasmo excesivo.
Clemátide *(Clematis)*	Falta de concentración, distracción y estado de ausencia.
Impaciencia *(Impatiens)*	Impaciencia y enfado con facilidad.
Alerce *(Larch)*	Sentimiento de inferioridad o asociación al fracaso.
Hojarazo *(Hornbeam)*	Agotamiento mental por hastío o enfado.
Nogal *(Walnut)*	Dificultad o indecisión para iniciar etapas nuevas o manejar situaciones difíciles.
Rosa Silvestre *(Wild Rose)*	Desinterés, apatía, abatimiento o falta de motivación.
Olmo *(Elm)*	Pesadumbre por responsabilidades y por sentir incapacidad para llevarlas a cabo.
Cerato *(Ceratostigma)*	Falta de confianza o indecisión.
Agrimonia *(Agrimony)*	Falta de aceptación de uno mismo y apariencia de alegría para ocultar angustia o ansiedad.
Heliantemo *(Rock Rose)*	Presencia de pesadillas, pánico, terror paralizante o estados de angustia agudos.
Mímulo *(Mimulus)*	Miedo a lo desconocido o situaciones concretas y timidez.
Roble *(Oak)*	Sentimientos de lucha desesperada e interminable contra la corriente. Por ejemplo, cuando el niño esté excesivamente centrado en el cumplimiento de las tareas escolares al grado de tensarse.
Sauce *(Willow)*	Resentimientos o sentimientos de ser víctima del destino.

Con base en mi experiencia, puedo afirmar que la existencia de miedos es común en los niños, aunque a veces no lo expresen con facilidad. También es común que pasen por periodos en que no puedan dormir bien debido a las pesadillas o miedos nocturnos. Estos temas son de fácil solución con las esencias heliantemo y mímulo, pero además es conveniente hacer una oración de protección antes de ir a la cama.

Las esencias florales se consiguen listas para usarse en algunas tiendas naturistas o es posible encontrar algún terapeuta floral en distintas localidades. La lista anterior es una buena guía para que los padres confirmen que lo que le están dando al niño tiene que ver con los problemas que experimenta, ya que ellos son quienes lo tienen cerca día a día y pueden saber mejor lo que le está ocurriendo.

Existe otra cara del problema de TDAH: los padres del niño. En este caso, nos enfocaremos en especial en la madre, ya que es en ella en quien por lo general recae la responsabilidad de sacar adelante la dificultad. La madre del niño también se puede beneficiar tomando las esencias florales de Bach, pues el estado de su hijo suele provocarle emociones y sentimientos encontrados que es importante atender.

Las esencias recomendadas para que las madres se mantengan al pendiente en el cuidado de un niño TDAH, con base en sus propias características, son las siguientes:

Esencia floral	Adecuada para…
Clemátide (*Clematis*)	Personas que evaden la realidad y su pensamiento no está en el aquí y el ahora. Personas distraídas que prestan poca atención a lo que sucede alrededor y que pueden vivir en un mundo de fantasía para escapar de la realidad.
Heliantemo (*Rock Rose*)	Personas que sienten una gran angustia por el estado de su hijo, incluso pueden tener pánico y pesadillas constantes.
Verbena (*Verbain*)	Personas que cargan con todo el peso y no comparten la carga.
Alerce (*Larch*)	Personas que temen no poder realizar el papel de madre y tienen un sentimiento de inferioridad.
Castaño de Indias (*White Chestnut*)	Personas con exceso de diálogo interno que piensan continuamente en el problema pero no actúan al respecto.
Agua de roca (*Rock Water*)	Madres muy perfeccionistas, severas y demasiado rígidas.
Centáurea (*Centaury*)	Madres que no pueden decir no, que reaccionan exageradamente a los deseos de los demás y que sacrifican sus propias necesidades para quedar bien.
Cerato (*Ceratostigma*)	Personas que no confían en su juicio, intuición, o decisiones. Sus convicciones no son firmes, cambian fácilmente de opinión y siempre buscan la aprobación de los demás.

Cerasífera (*Cherry Plum*)	Personas con miedo a perder el control de sus actos, con pensamientos irracionales y persistentes y arrebatos incontrolables.
Scleranthus	Personas indecisas que sienten que tienen que elegir entre extremos muy opuestos y no poseen la confianza para decidir.
Rosa Silvestre (*Wild Rose*)	Personas que sufren desinterés, apatía o resignación y les falta motivación para meterse de lleno en el problema.

Los sentimientos o emociones anteriores impiden ayudar al niño adecuadamente. Por ello es recomendable que la madre tome esencias florales a la vez que se dan las suyas al niño. De esta forma, el ambiente en el hogar cambiará para bien y se verá muy beneficiado.

El doctor Bach creó una combinación de cinco esencias que llamó Rescate, conformada por clemátide, impaciencia, heliantemo, cerasífera y Estrella de Belén. Se recomienda utilizarla cuando los padres sientan que las cosas están muy mal en la relación con su hijo y consideren sus sentimientos fuera de control.

Para la depresión, un problema muy común en nuestros días y que afecta a adultos, niños y jóvenes, una combinación de genciana de campo (*Gentian*), aulaga (*Gorse*) y mostaza puede ser de utilidad, ya que ayuda a recuperar la alegría de vivir.

OTRAS ESENCIAS

Existen varios paquetes de esencias herbales y florales que pueden ser de utilidad para atender la parte emocional del niño y de los padres, como las esencias florales del Mediterráneo. En lo personal he utilizado con bastante éxito las 12 Esencias Ikatará, fabricadas en Los Mochis, Sinaloa, por el terapeuta holístico, Saúl Valdez Flores.

En mi experiencia con este paquete de esencias, los niños usualmente usan los siguientes:

- El sistema 1, llamado de Piel y Mucosas

- El sistema 2, llamado del Corazón

- El sistema 3, llamado de la Respiración y la Razón

- El sistema 7, llamado de Sistema Nervioso y Cerebro, que se utiliza cuando el niño presenta nerviosismo o cansancio mental
- El sistema 8, llamado de Riñón-Vejiga, que se utiliza para el miedo
- El sistema 9, llamado Hepático-Biliar, que se utiliza para el enojo

Un terapeuta experimentado podrá verificar si el niño necesita una combinación diferente de gotas.

Esta información puede ser especialmente útil a los pediatras, terapeutas holísticos y cualquier persona que quiera aprender a hacer estos compuestos y me atrevo a recomendar este paquete de esencias porque brinda resultados rápidos en muchos problemas de niños, jóvenes y adultos.

GINKGO BILOBA Y GINSENG

Tanto el ginkgo biloba como el ginseng tienen un amplio reconocimiento en proveer mejoría en problemas relacionados con la actividad cerebral. El gingko biloba mejora el riego cerebral favoreciendo la concentración y la memoria. Se puede utilizar en periodos de examen o cuando hay agotamiento nervioso. Por su parte, el ginseng aumenta la actividad cerebral y el rendimiento intelectual. Incluso puede utilizarse una combinación de ambos para una mayor efectividad consultando con un naturista las dosis adecuadas para niños.

MULTIVITAMÍNICOS

Es bien conocido que las carencias de vitaminas y minerales pueden provocar serios problemas de salud. Las dietas actuales suelen ser pobres en vegetales, vegetales crudos, frutas y otros nutrientes, por lo que es necesario complementar la alimentación de niños y jóvenes con los suplementos que hagan falta.

En el tratamiento del TDAH se ha comprobado que una buena nutrición puede ayudar a minimizar los síntomas, por lo que se recomienda poner atención a las vitaminas del complejo B, especialmente la B1, B3,

B6 y B12; también las vitaminas A, C y E, y en cuanto a los minerales, poner atención a las deficiencias de magnesio, zinc, fósforo y hierro.

Existen múltiples productos en el mercado para complementar las carencias nutricionales de los niños; sin embargo, tomar multivitamínicos no implica que no debamos cuidar nuestra alimentación.

Suero de leche (lactoserum) en polvo y Alfa pxp Forte

Se ha comprobado que el consumo mes a mes del suero de leche en polvo provoca grandes beneficios a la salud. Está elaborado en Suiza con gran calidad y su combinación de vitaminas, minerales y aminoácidos es excelente para apoyar la alimentación de niños y jóvenes.

Otro excelente complemento alimenticio es el Alfa pxp Forte y, aunque el precio de este producto es algo elevado, los resultados que ofrece son impresionantes en muchos padecimientos. Ambos productos han dado resultados favorables en la atención del TDAH.

Compuestos homeopáticos

Si hacemos una investigación de los médicos que hay en cada ciudad, nos daremos cuenta de que en casi todas puede consultarse a médicos homéopatas que ofrecen tratamientos para cualquier tipo de padecimientos, incluso el TDAH.

El tratamiento homeopático ofrece muchas ventajas; entre ellas, no origina la supresión de los aspectos de la conducta de un niño ni altera las sustancias químicas del cerebro, a diferencia de los tratamientos estimulantes que se dan en la medicina alópata. Por el contrario, los tratamientos homeopáticos alivian cualquier desequilibrio de manera natural sin cambiar los productos químicos en el cerebro o el cuerpo. Además, el tiempo de tratamiento es de algunos meses y no de años como los tratamientos de medicina tradicional, lo cual puede ser significativo para la economía familiar y puede evitar los efectos secundarios del uso prolongado de estimulantes.

AROMATERAPIA

Como ya hemos mencionado, dormir bien y tranquilamente es necesario para la salud y bienestar de cualquier niño, más aún para un niño diagnosticado con TDAH.

La aromaterapia puede ser utilizada para generar un ambiente que propicie la paz y la concentración en el día, mientras hace sus tareas y para inducir el sueño tranquilo y reparador por la noche. Además, los usos y beneficios de la aromaterapia son múltiples.

MEDITACIÓN

En la actualidad, las personas están recurriendo cada vez más a la meditación para relajarse y solucionar problemas de estrés; incluso, algunas escuelas ahora utilizan este tipo de técnicas. En niños que presentan hiperactividad es importante llevarlos poco a poco a lograr el estado meditativo, mediante ejercicios de autocontrol; por ejemplo, carreras de caracoles donde gana el que va más lento o jugar a ser una tortuga enconchándose y manteniéndose en esa posición por algunos segundos primero y luego varios minutos.

Una vez que han aprendido a detenerse y a relajar su cuerpo, se intentan las primeras sesiones de meditación, que primero serán cortas y se irán extendiendo conforme avancen las semanas.

DEPORTE

La actividad física ayuda a los niños a gastar el exceso de energía y a que se relajen. La práctica de cualquier tipo de deporte o actividad puede resultar benéfica para un niño con TDAH, pero las artes marciales como el Tae Kwon Do y Tai Chi favorecen particularmente la disciplina y el autocontrol.

Integrar al niño a los Scouts o algún otro grupo de niños que tenga muchas actividades de contacto con la naturaleza y donde haya reglamentos también le beneficiará.

MÚSICA

A Javier Altamirano le diagnosticaron TDAH en su niñez. Con el tiempo ha logrado ser una persona "funcional" y está convencido de que gracias a la música pudo estabilizarse. Ahora imparte talleres de batería para niños. "La batería —afirma Javier— permite descargar energía, mejora la concentración, estimula los hemisferios cerebrales, libera emociones, facilita la socialización, entre otros beneficios." Aprender a tocar un instrumento musical puede ser muy útil y divertido para un niño TDAH; lo importante es que lo haga con gusto.

MUSICOTERAPIA

La musicoterapia consiste en el uso intencional de la música para inducir un estado de salud. Este tratamiento se vale de sonidos, trozos musicales y estructuras rítmicas para conseguir diferentes resultados terapéuticos en distintos niveles: psicológico, psicomotriz, orgánico y energético; el musicoterapeuta requiere, además de un sólido conocimiento musical, saber qué tipo de música puede influir positivamente en ciertos individuos; también es posible utilizar música grabada por especialistas para relajar o estimular a los niños.

En *El efecto Mozart para niños*, Don Campbell explora la utilización de la música para favorecer el desarrollo y la creatividad en los niños. "Estudios serios" destacan que no hay pruebas objetivas de que la música estimule la creatividad; no obstante, la realidad es que sí se logran efectos positivos y pueden medirse.

Los siete secretos de los sonidos sanadores, de Jonathan Goldman, es un libro de musicoterapia que propone ejercicios de fácil ejecución e incluye un CD con música terapéutica. En esta obra el autor habla de algo muy importante, la intención, que es clave para provocar la sanación. Describe también cómo medir, por medio de la kinesiología, el efecto de la intención. Si se realiza un estudio científico para probar el efecto de la música en los niños y no hay una intención de ampliar sus capacidades o de sanarlos, no pasará absolutamente nada. Si el mismo estudio es realizado por personas que tienen la intención de ampliar las capacidades de los niños o sanarlos, los resultados no se harán esperar. Esto es algo que personalmente he comprobado con niños y adultos.

En mis talleres utilizo algunas canciones de Alberto Kuselman –autor de *Terapia del canto y de los vientos*–, en combinación con la gimnasia cerebral, con el propósito de que los niños empiecen a conectarse con mensajes positivos, abran su comunicación verbal y experimenten plenamente la alegría.

Equinoterapia, delfinoterapia y terapia con perros

La equinoterapia, la delfinoterapia, la terapia con perros y otras terapias con animales han demostrado efectividad en la mejora del TDAH. Dada la hipersensibilidad de estos niños, al entrar en contacto con los animales, se producen cambios favorables en su sistema neurológico. Si en tu ciudad se ofrecen estos servicios, vale la pena probarlos.

Yoga, Reiki

El yoga es una disciplina física y mental que conecta con la parte espiritual. El yoga elimina bloqueos energéticos y, en consecuencia, puede ayudar a minimizar los síntomas del TDAH; cada vez son más comunes las clases de yoga para niños y jóvenes. El Reiki es una práctica de sanación energética basada en la imposición de manos; permite a los niños reconectarse con su parte espiritual y autocurarse. En las grandes y medianas ciudades, hay ya clases de Reiki para niños.

Constelaciones familiares

Creadas por Bert Hellinger –filósofo, pedagogo, antropólogo y teólogo alemán–, las constelaciones familiares son un método de terapia alternativa. Este método considera que los problemas pueden transmitirse de una generación a otra, y para resolverlos, la persona configura su constelación familiar con la ayuda de testigos, lo que permite escenificar y comprender esos problemas. Uno o varios terapeutas ayudan al grupo a constelar.

El uso terapéutico de las constelaciones familiares está bastante difundido; es un método que funciona y puede resolver prácticamente cualquier problema familiar y ayudar a las familias con niños TDAH.

En *Educación emocional sistémica. Herramientas para formadores, maestros y educadores*, Mercé Traveset Vilaginés ofrece una guía para aplicar el modelo sistémico en la educación. Una escuela donde se apliquen las constelaciones familiares de manera regular seguramente minimizará los síntomas relacionados con el TDAH y otros problemas de la niñez.

Un universo de ayudas

Hay una amplia variedad de opciones en productos naturales que pueden dar buenos resultados en los niños TDAH; algunos productos funcionan para ciertos niños y para otros no, por lo que nuestra sugerencia es probar hasta hallar el más adecuado. Para los padres también hay excelentes productos naturales que pueden coadyuvar a una mejor salud y estabilidad mental y emocional. Productos como Alfa PXP Forte, Alfa PXP Royal, Lebasi Lactoserum o suero de leche, Immunocal (proteína natural patentada), los Factores de Transferencia (producto no fármaco con moléculas que refuerzan el sistema inmune), los productos ortomoleculares (para la rehabilitación celular), o suplementos más económicos como Omega 3, el alga espirulina (fuente de proteínas, vitaminas, minerales y nutrientes), la moringa (producto con diversos beneficios de tipo terapéutico, vitaminas, antioxidantes, minerales y antiinflamatorios), o las sales de Schüssler (trituraciones homeopáticas de efecto nutritivo, correctivo, estimulante y armonizador) han demostrado buenos resultados en proveer bienestar a personas con diferentes enfermedades o dolencias.

Las personas deben seguir al pie de la letra los tratamientos médicos, pues la suma de la medicina alopática más los suplementos naturales casi siempre ofrece mejores resultados. En el siguiente capítulo trataremos el tema de la alimentación saludable, porque hay alimentos o seudoalimentos que pueden echar por tierra los avances que se logran con estas ayudas y los cambios en la dinámica del hogar.

CAPÍTULO 8

La alimentación

Que tu alimento sea tu medicina y que tu medicina sea tu alimento.
Hipócrates

Al salir del vientre de la madre, la mayoría de los niños nacen sanos y felices, aunque algunos lleguen con enfermedades o problemas físicos. Somos los padres y familiares cercanos quienes les enseñamos qué comer, qué beber, cómo hablar, cómo comportarse, cómo divertirse, etcétera. Cada niño es distinto y tiene sus preferencias de alimentación.

Hay niños que vienen con una gran conciencia sobre la alimentación, conocen lo que su cuerpo necesita y prefieren los vegetales, las frutas y alimentos naturales.

Otros comen poco sin estar malnutridos y, si bien, como padres nos preocupamos porque se deteriore su salud, si su organismo funciona adecuadamente con poca comida, eso significa que han aprendido a nutrirse de otra forma y a tomar energía de una forma diferente, lo cual puede funcionarles bien durante la infancia.

No obstante, en muchos hogares los niños aprenden desde muy pequeños que sus opciones de comida son las hamburguesas, hot dogs, pizzas, carnes frías, frituras y bebidas azucaradas, haciéndolos "adictos" a la comida rápida y al azúcar.

Una llamada de atención

En el mundo de hoy vivimos con una gran inconsciencia respecto a la alimentación de los niños. Un alto porcentaje de padres tiene poco interés por alimentar sanamente a sus hijos y tolera que se vendan en las escuelas productos que se consideran alimentos pero que no son saludables, y que las empresas produzcan alimentos con poco control sobre los ingredientes y procesos utilizados. Pocas veces leen las etiquetas de los productos y prefieren las comidas rápidas o productos que facilitan la preparación de alimentos sin importar su contenido, que muchas veces no es nutritivo y afecta la salud.

Las etiquetas de los productos alimenticios se han incluido en los productos por ley, para que conozcamos los ingredientes de los alimentos y podamos seleccionar los que consideremos más sanos y apropiados para nuestra salud. De lamentar es que la sociedad y las autoridades de salud son muy permisivas, por lo que podemos encontrar locales llenos de alimentos chatarra que se presentan de manera atractiva a la vista de los consumidores, especialmente de los niños. Si esos locales no disponen de un solo producto saludable, ¿qué terminará por consumir el menor?, Alimentos chatarra.

No obstante, esta situación solo podrá cambiar cuando los consumidores demos la espalda a este tipo de establecimientos y optemos por comprar en comercios donde se interesen por la salud del consumidor y haciéndonos más conscientes sobre la importancia de comer productos nutritivos y saludables. Por ello, en este capítulo daremos algunas guías de alimentación para que los padres de familia, en especial las madres, puedan formar parte del cambio que se necesita.

Las guías de alimentación

No existe una dieta única y contundente que nos enseñe cuál es la forma más saludable de alimentación, pues cada cuerpo es distinto y tiene necesidades distintas. Sin embargo, si aprendemos lo básico de la alimentación sana es posible cambiar poco a poco a una alimentación más adecuada para todos y cada uno de los miembros de una familia. De tal forma, cada uno aprenderá a reconocer las reacciones de su organismo ante la comida, probará la tolerancia a ciertos alimentos, qué alimentos le hacen sentir mejor o le dan más energía, cuáles le ocasionan molestias o problemas de salud, para así estructurar una dieta personal.

La pirámide alimenticia que se nos vendió como la panacea hace décadas ya no funciona. Ahora se trabaja con el plato del bien comer y otras propuestas cuyas recomendaciones básicas son las siguientes:

- Comer muchas frutas y verduras frescas.

- Comer cereales integrales.

- Comer semillas.

- Comer oleaginosas.

- Comer productos animales con moderación, reduciendo las grasas.

- Preferir el pollo, pavo, pescados y mariscos sobre las carnes rojas.

Otra modalidad propuesta es alimentarse según el tipo de sangre, de acuerdo a los siguientes lineamientos generales:

a) Las personas con sangre tipo "O" procesan bien las carnes, pero las harinas, frijoles y lentejas les provocan problemas.

b) A las personas con sangre tipo "A" les viene bien una dieta vegetariana que incluya cereales, pues las carnes les provocan problemas.

c) Las personas con sangre tipo "B" son los más universales en la comida, prácticamente pueden comer de todo.

d) El tipo de sangre "AB" es el menos común en la población y su alimentación puede responder a la dieta vegetariana del tipo "A" o a la universal del tipo "B".

Existen guías detalladas sobre lo que procesa adecuadamente cada tipo de sangre y lo que le provoca intolerancia.

Empero, aun con estas guías, cada persona tendrá que identificar sus tolerancias y preferencias.

Estudios han demostrado que las llamadas enfermedades autoinmunes como la artritis reumatoide y la esclerosis múltiple, entre otras, tienen mayor incidencia en personas con una dieta contraria a su tipo sanguíneo; por ejemplo, una persona con tipo de sangre "A", al consumir muchas carnes y lácteos tiene riesgos de desarrollar enfermedades degenerativas a edad más temprana.

CÓMO DESCUBRIR A QUÉ ALIMENTOS SOMOS INTOLERANTES

Algunas intolerancias alimentarias pueden ser muy notorias porque la persona simplemente no puede consumir un alimento sin tener reacciones adversas que puedan poner en peligro su vida. Sin embargo, hay otro tipo de intolerancias menos notorias con las que se debe hacer un trabajo especial de búsqueda. A continuación, se presentan dos formas de detección de intolerancias alimentarias.

1. Utilizar una dieta desintoxicante durante cuatro semanas en la que se elimine el consumo de carnes rojas, cereales, aceites industrializados, grasas, azúcares, harinas refinadas, embutidos y productos procesados. En esas semanas se comprueba que el organismo tiende a normalizarse. Posteriormente, se agregan los alimentos eliminados uno a uno para probar la tolerancia a cada uno de ellos. Es importante que la dieta desintoxicante sea completa y apoyada por un especialista para no provocar problemas de desnutrición.

2. Utilizar la kinesiología aplicada para probar si el cuerpo tiene intolerancia a algún alimento. El libro *El código de la emoción,* del doctor Bradley Nelson, explica con detalle cómo realizar este tipo de test que pueden llevarse a cabo en casa.

LA CALIDAD DE LOS ALIMENTOS

Como ya se mencionó, no todo lo que conocemos como alimento es de calidad y nutritivo. Existen alimentos *altamente nutritivos* como las verduras, frutas, leguminosas, carnes, lácteos, cereales integrales o naturales, frutos secos, semillas y oleaginosas, aceites naturales como el aceite de oliva y el aceite de coco orgánico, entre otros.

Por el contrario, tenemos alimentos cuyo consumo es muy riesgoso –incluso pueden considerarse "desalimentos"–, como la mayoría de las "papitas" y frituras saladas, refrescos, bebidas azucaradas y edulcorantes artificiales.

Por su parte, otros alimentos, si bien nutren, pueden provocar problemas de salud si su ingesta es elevada o cuando se combinan con los "desalimentos" en la misma comida, pues elevan rápidamente el nivel de glucosa en la sangre. Entre éstos tenemos los cereales industrializados, las harinas refinadas y muchos otros productos industrializados que contienen azúcares, subproductos del maíz y otras sustancias químicas.

Otros productos, como la sal y el azúcar, son utilizados como condimento o para potenciar el sabor, pero solo son saludables si se consumen con moderación y son de origen natural como la sal de mar, el azúcar mascabado y las hojas de estevia. El azúcar blanca, el jarabe de maíz de alta fructosa y los endulzantes artificiales, al ser productos industrializados poseen pocas propiedades y nutrientes.

Sin embargo, la industria alimentaria no siempre ha utilizado químicos y otras sustancias al elaborar productos. En México, a partir de que entró en vigor el Tratado de Libre Comercio en enero de 1994 con el propósito de elevar el nivel de vida de los mexicanos, nuestra alimentación inició una transformación radical: ingresaron al país muchas franquicias de comida rápida y se empezó a utilizar el jarabe de maíz de alta fructosa en lugar de azúcar de caña en la elaboración de productos. Asimismo, se liberaron los precios de los medicamentos y llegaron a nuestro mercado una cantidad impresionante de nuevas marcas, la agricultura se transformó por completo y además de consumir productos agrícolas regionales, se comenzaron a consumir muchos provenientes de todo el mundo.

Si bien es verdad que a partir de todos estos cambios el PIB de México creció, también es un hecho que la obesidad y las enfermedades degenerativas aumentaron de manera drástica.

Además, surgieron muchas enfermedades, y si bien hay más consumo, la calidad de vida de la población disminuyó debido a enfermedades constantes.

La industria alimentaria está abusando del uso de los derivados del maíz como el jarabe de maíz de alta fructosa, la maltodextrina, la dextrosa, los sólidos de maíz y de otros agentes como los colorantes y saborizantes artificiales; y de productos alterados como los almidones modificados, las proteínas de soya y de carne hidrolizadas, edulcorantes artificiales, glutamato monosódico y otros estabilizadores y espesadores. Existe toda una industria encargada de elaborar toda esta gama de sustancias que, aunque le dan un buen sabor y apariencia a los alimentos, no necesariamente les otorgan mayor valor nutricional.

Si se lee con atención las etiquetas de los productos, se puede observar que hay ingredientes que no tendrían que estar ahí; por ejemplo, en productos salados se agrega azúcar o edulcorantes artificiales, las frituras de maíz se elaboran también con harina de trigo refinada y hay un exceso de colorantes en muchos productos alimenticios. Esta situación nos lleva a cuestionar si no existe una norma de salud que limite la cantidad y calidad de ingredientes en la bollería industrial, en las frituras, en los refrescos, jugos y tés azucarados.

Asimismo, al analizar las etiquetas podemos darnos cuenta de que hay fabricantes de alimentos que utilizan muchos aditivos químicos en ellos, mientras que otros fabricantes emplean ingredientes más naturales. Esto quiere decir que algunos de ellos desconocen o ignoran los efectos para la salud de los consumidores.

Como tales, tenemos derecho a recibir alimentos de calidad. Por ahora, la mejor forma en la que podemos contribuir es leer las etiquetas de los productos, consultar en Internet sobre esos ingredientes y evitar los productos que contienen ingredientes que pueden provocarnos problemas de salud a futuro.

LAS INTOLERANCIAS ALIMENTARIAS

Según las estadísticas, los productos que más generan intolerancias alimentarias a nivel mundial son la leche, la soya y el gluten de trigo. Sin embargo, estos productos se encuentran en una gran cantidad de alimentos industrializados, por lo que es común que un niño con intolerancia a alguno de estos alimentos, sea intolerante a muchos productos industrializados.

Por ejemplo, en la elaboración de frituras de maíz, un productor cualquiera utiliza solo cinco ingredientes para dar sabor a las frituras de maíz. Sin embargo, la marca de frituras más popular en México, disponible en todos los parques de diversiones, tiendas, minisúpers y grandes supermercados, elabora sus productos con más de 27 ingredientes, entre ellos leche, un derivado de la soya y harina de trigo. Es decir, en una fritura de maíz están adicionados los tres ingredientes con mayor intolerancia alimentaria. Por tanto, es indispensable cuidar y enseñar a los niños a elegir alimentos nutritivos para evitar que caigan en la obesidad y padezcan enfermedades en el futuro.

Respecto a los niños a quienes se les diagnostica el trastorno por déficit de atención con hiperactividad (TDAH), existen estudios que relacionan esta condición con las intolerancias alimentarias; por tanto, es importante vigilar su alimentación y evitar en la medida de lo posible las comidas de las franquicias de comida rápida, la bollería industrializada, las frituras, las bebidas azucaradas y probar si hay intolerancia a la leche, la soya y el gluten de trigo.

Asimismo, la eliminación de este tipo de alimentos se ha utilizado para manejar otro tipo de enfermedades. En la Ciudad de México, por ejemplo, hay un centro terapéutico que trata el autismo eliminando de la dieta de los niños la leche, el trigo y todos los derivados de ambos alimentos. Además, en una ocasión llegó a mis manos el testimonio de una mamá que logró que su niño se recuperara de esta misma enfermedad eliminando de su dieta el mismo tipo de productos. Por ello, debemos estar alerta respecto a lo que pueden ocasionar las intolerancias alimentarias y los alimentos industrializados en los niños.

LAS CARENCIAS DE VITAMINAS Y MINERALES

Las vitaminas son sustancias orgánicas esenciales que deben estar presentes en la dieta del ser humano, pues son necesarias para metabolizar las proteínas, grasas e hidratos de carbono. Asimismo, son indispensables para el desarrollo y crecimiento, dado que ayudan en la construcción de células, tejidos y órganos. Por su parte, los minerales son utilizados por el organismo para funciones distintas, como la formación de huesos, la producción de hormonas y la regulación de los latidos cardiacos. El cuerpo humano es incapaz de producir estos nutrientes por sí mismo, por lo que es necesario consumirlos a través de los distintos tipos de alimentos, de preferencia de origen natural.

Sin embargo, actualmente nuestros suelos están siendo sobreutilizados, las tierras de cultivo están desgastadas por la agricultura extensiva que trata de sacar el máximo de producción en el menor tiempo posible y descuida la rotación de cultivos. Para lograr este aceleramiento del ciclo de producción, es indispensable el uso de pesticidas y fertilizantes, aunque estos últimos generalmente no contengan todos los nutrientes que las plantas necesitan.

Por otro lado, el ganado es alimentado con granos, en lugar de pasto, que es su alimentación natural. Además, tanto al ganado como a los pollos se les suministran hormonas para acelerar su crecimiento. De esta forma, un alto porcentaje de los productos agropecuarios sufren un proceso de transformación, en muchos casos agresivos, que les elimina una buena parte de sus nutrientes y los llena de toxinas, llegando a nuestras manos de esa forma. De igual forma, existen alimentos de origen vegetal y animal modificados genéticamente (OGM) con el objetivo de lograr que se den todo el año, que no tengan semillas, aumentar su tamaño, o bien tener variedades distintas. Estos procedimientos están siendo cuestionados en varios países por los resultados obtenidos en experimentos con animales y por los riesgos a la salud que pueden acarrear, como la resistencia a antibióticos.

Como consecuencia de los procedimientos mencionados, es común detectar carencias de nutrientes en las personas, como calcio, colágeno, varias vitaminas del complejo B, vitaminas A, C y E, entre otras; minerales como el hierro, potasio, magnesio, zinc y cobre; aminoácidos y algunas coenzimas. Aunado a estas deficiencias nutricionales, mucha gente no toma suficiente agua y padece de deshidratación crónica o de hipoxia (falta de oxígeno). Esto provoca que su organismo trabaje en un estado de estrés, debilitamiento y falta de oxigenación, originando la presencia de malestares y el desarrollo de enfermedades.

Afortunadamente, personas y productores con más conciencia sobre los riesgos de estos procedimientos están propiciando la elaboración y cultivo de productos orgánicos y naturales para contrarrestar a nivel mundial los problemas de salud. Sin embargo, aunque en casa se consuman productos orgánicos, es conveniente hacer un análisis del estado nutricional de nuestros hijos, y si tienen carencias de algunos nutrientes, darles los suplementos alimenticios necesarios para cubrir estas deficiencias.

LA ALIMENTACIÓN INADECUADA Y EL TDAH

La alta disponibilidad de golosinas, frituras, bollería industrializada, refrescos y jugos repletos de azúcar o derivados del jarabe de maíz de alta fructosa, ha creado una epidemia de obesidad y que se empiecen a presentar casos de diabetes infantil. Si el consumo de estos productos ha generado estas enfermedades, ¿no será que el incremento explosivo del TDAH se deba al consumo de azúcares y carbohidratos refinados disponibles en estos productos?

Sabemos que existe una nueva generación de niños más sensibles a muchos factores de nuestra sociedad. En lo personal, considero que cada día aumenta el número de menores sensibles a los alimentos refinados o industrializados.

Ante la presencia de un alto grado de hiperactividad, una de las primeras medidas puede ser corregir la alimentación del niño. Puede intentarse una dieta alcalina primero e ir agregando alimentos hasta encontrar la dieta adecuada para él. Darle suplementos alimenticios es importante porque la carencia de algunas vitaminas, minerales y aminoácidos puede alterar el funcionamiento normal del sistema nervioso y el organismo en general.

Por otro lado, Ben Feingold, pediatra y alergólogo estadounidense, realizó importantes estudios que demostraron que los aditivos alimentarios como los colorantes artificiales, potenciadores del sabor, conservadores y otros provocan alteraciones importantes en el comportamiento de los niños como: inquietud, falta de concentración, hiperactividad y otros. Con base en sus investigaciones se ha creado el Programa Feingold de apoyo a los niños TDAH en tres áreas: comportamiento, aprendizaje y salud, en las que quedan cubiertos los síntomas del TDAH.

¿QUÉ CONSUMIR Y QUÉ NO CONSUMIR EN CASO DE TDAH?

Existe un libro muy interesante llamado *El poder del metabolismo,* escrito por Frank Suárez, que aunque no está enfocado en controlar el TDAH, contiene información suficiente para que una familia empiece a adoptar mejores hábitos alimenticios y aprenda cómo llevar una vida más saludable haciendo una mejor elección de alimentos. Por ejemplo, para evitar la obesidad y evitar otros problemas de salud o de autoestima, este libro nos dice qué alimentos ayudan a que el cuerpo adelgace y cuáles, a ganar peso.

Además, propone un estilo de alimentación llamado *2 x 1* que mantiene bajo control los alimentos que favorecen que engordemos. No obstante, no se menciona que la forma correcta de consumir frutas es hacerlo con el estómago vacío.

Asimismo, en un curso con la doctora Rita Hernández de Camagüey, Cuba, recibí una dieta desintoxicante que utilizan en su hospital como parte del proceso curativo de los pacientes, con excelentes resultados.

En esta dieta, se recomienda desayunar solo frutas, preferentemente de un solo tipo, en la cantidad necesaria para satisfacerse.

Personalmente, llevé a cabo esta recomendación dos veces por semana y mejoró de manera significativa el funcionamiento de mi sistema digestivo.

En cuanto a los niños con TDAH, una dieta de seguridad implicará eliminar los lácteos, las carnes rojas, los aceites industrializados, la margarina, la manteca, todos los carbohidratos refinados (cereales comerciales, pan, tortillas de harina, pastas, etc.), las comidas de las franquicias de comida rápida (hot dogs, pizzas, hamburguesas, etc.), pasteles, bollería industrializada, azúcar en todas sus modalidades, embutidos (salchicha, mortadela, jamón, tocino, peperoni, entre otros), refrescos y jugos embotellados, y los productos con aditivos químicos.

Con estas restricciones se pretende reducir en gran medida la acidez del cuerpo y mantener limitado el consumo de productos que propician el aumento de peso o pueden influir en la hiperactividad.

En cambio, los alimentos que pueden comerse con toda libertad son los siguientes:

- De origen animal: pollo, huevo, pescado, pavo, mariscos y el puerco con moderación y sin grasa.

- Para cocinar se puede usar aceite de oliva o aceite de coco orgánico. Ambos deben usarse con moderación y sin calentarlos en exceso (no deben generar humo).

- Es preferible consumir los alimentos asados, al vapor, cocidos, a la plancha o en ceviche y evitar los fritos.

- Consumir dos o tres veces al día una amplia gama de vegetales de diferentes colores, de preferencia crudos. Los germinados, champiñones, nopales, espinacas, brócoli y espárragos son llenadores y están llenos de nutrientes.

- Se puede complementar las comidas con papas y leguminosas como lentejas, habas, chícharos, frijoles, garbanzos, entre otros.

- Las tortillas y el maíz también pueden acompañar las comidas.

- Consumir nueces, almendras, avellanas, pistaches, cacahuates naturales, ajonjolí, semillas de calabaza, de girasol, etcétera.

- Reducir la cantidad de alimentos de origen animal y favorecer la proporción de alimentos de origen vegetal.

- Utilizar aceite de oliva o aceite de aguacate con moderación en las ensaladas.

- Sazonar los alimentos con hierbas aromáticas y condimentos naturales para que tengan buen sabor.

Debe tenerse en cuenta que los vegetales proveen enzimas que son importantes para la buena digestión; por lo tanto, es indispensable procurar comerlos crudos o cocinarlos al vapor para que conserven la mayor cantidad posible de nutrientes. Asimismo, el proceso de germinación de algunos granos y semillas aumentan sus propiedades nutritivas, pues en las pocas horas en que la semilla se prepara para generar vida, una nueva planta, se provoca una gran explosión de nutrientes: azúcares simples, vitaminas, minerales, enzimas, aminoácidos, ácidos grasos libres y clorofila, entre otros.

Existe una gran variedad de germinados que podemos encontrar en casi todos los comercios: de soya (frijol mungo), de alfalfa, de brócoli y de trigo. No obstante, podemos elaborar en casa nuestros propios germinados de lenteja, garbanzo, maíz y varios tipos de frijoles. La recomendación de consumo es de preferencia crudos o con una leve cocción.

Por otro lado, hay que tomar en cuenta que, aunque el azúcar sin refinar no es malo, su consumo excesivo, particularmente en combinación con carbohidratos refinados, se vuelve una bomba de tiempo para nuestra salud. Por ello, al presentarse síntomas de TDAH es mejor eliminar el azúcar en todas sus modalidades (blanca, morena, mascabado, dulces, pasteles, repostería industrial, helados, y otros).

Otra recomendación es no tratar de sustituir el azúcar con endulzantes artificiales como el aspartame o la splenda. En lugar de todos estos productos se recomienda utilizar la estevia, miel de abeja y miel de agave.

Aun con estas recomendaciones, es esencial consultar a un nutriólogo o pediatra para que elabore una dieta específica según las necesidades de cada miembro de la familia o del niño diagnosticado con TDAH. Además, vale la pena recordar que la kinesiología aplicada podrá probar si algún miembro de la familia presenta intolerancia a alimentos específicos.

"Mientras los científicos sigan estudiando cada sustancia química y cada producto alimenticio por separado, y continúen sacando la información de su contexto para hacer presunciones generalizadas sobre las complejas relaciones de la dieta con la enfermedad, seguirá existiendo una gran confusión.

Los titulares engañosos sobre una u otra sustancia química alimenticia, y sobre esta o aquella enfermedad, constituirán la norma.

Mientras sigamos ocupándonos de detalles relativamente triviales, los mensajes más encomiables sobre los beneficios que reporta un cambio radical de la dieta permanecerán ocultos."

Dr. T. Colin Campbell, en *El estudio de China*

CAPÍTULO 9

LOS JUEGOS

El medio mejor para hacer buenos a los niños es hacerlos felices.
Oscar Wilde

Nací en 1960 en un pueblo pequeño. En aquel entonces, mis ocho hermanos y yo teníamos mucha libertad para salir a jugar durante horas, ya fuera en el patio de la casa, que era amplio y estaba lleno de árboles; en las casas vecinas, pues teníamos familiares enfrente y a un lado de nuestra casa; o en las casas de los amigos. Solíamos ir al río a bañarnos y quedarnos allí mucho tiempo.

Podíamos ir a los sembradíos, a los cerros cercanos, jugar con alguna pelota al beisbol o al futbol, etc. Incluso, después de cenar, salíamos a la calle a jugar con los primos o amigos los juegos que nos enseñaban nuestros padres. De vez en cuando ocurría algún accidente, pero eran los riesgos normales que había que correr para divertirse. Es un hecho, los niños disfrutan jugar, es como ellos son felices.

¿DÓNDE JUEGAN LOS NIÑOS AHORA?

En las últimas décadas, los juegos de los niños se han transformado. Las familias son más pequeñas, las ciudades y las distancias son más grandes, las ciudades están más orientadas a los autos que a las personas y las colonias están más orientadas a los adultos y a los autos que a los niños. Muchos niños no tienen patio para jugar en casa y muchas colonias o fraccionamientos no tienen espacios adecuados para los niños. Entonces, ¿a qué juegan los niños ahora?

Actualmente los niños ven la televisión o utilizan juegos tecnológicos interactivos y videojuegos, ya sea en la computadora o el celular. Que permanezcan en casa nos da tranquilidad porque no están expuestos a los riesgos de estar en la calle.

Asimismo, estas herramientas resultan muy atractivas para ellos. No obstante, el gusto por este tipo de entretenimiento puede dejar de lado otros modos de jugar que impliquen moverse y ejercitarse, y orillar a los niños a llevar una vida sedentaria que puede ocasionar problemas de salud como la obesidad.

En el otro extremo, hay padres que planifican los días de sus hijos con una gran cantidad de actividades extraescolares, sin tomar en cuenta que esta saturación de tareas les impide jugar y, por lo tanto, disfrutarlas. En muchas ocasiones, los padres no tuvieron oportunidad de aprender a tocar un instrumento o jugar algún deporte y tratan de que sus hijos realicen estos deseos frustrados. Sin embargo, se debe evitar lograr la realización propia a través de los hijos, pues ellos traen una misión diferente de la nuestra.

En este sentido, la educación tiene que transformarse. Hay métodos educativos en los cuales se reducen las tareas extraescolares al mínimo posible, pues se considera un error enfocarse a transmitir un exceso de información a los niños al grado de que se necesiten muchas tareas extraclase. Es mejor equilibrar la cantidad de información y enseñar a aprender, a hacer, a ser, y dejarlos jugar.

PADRES E HIJOS, COMPAÑEROS DE JUEGOS

En décadas anteriores las familias eran numerosas y nuestros compañeros habituales de juego eran nuestros hermanos o primos. Ahora, las familias son pequeñas, con solo dos o tres hijos y muchas veces la diferencia de edad entre ellos es muy grande, o bien no son del mismo sexo, por lo que las posibilidades de juego se reducen. De igual forma, en las familias donde solo hay un hijo, la interacción con otros niños como primos o amigos, se dificulta aún más, ya sea porque viven lejos o porque no hay tiempo para la convivencia por el trabajo de los padres o por las actividades extraescolares de los niños.

En esta dinámica, los niños pueden pasar semanas completas sin tener compañeros con quiénes jugar, por lo que es necesario que los padres jueguen con ellos. Resulta un tanto paradójico, que en estos tiempos en que los padres están más ocupados y estresados, es cuando más necesitan darse un espacio para jugar con sus hijos.

Para los niños, el tiempo que pueden jugar con sus padres es muy valioso, por lo que es importante dedicar cuando menos media hora al día para jugar con ellos. En ocasiones, este tiempo se puede utilizar con el único propósito de disfrutar de la presencia de los hijos y de su plática, sin que haya distractores.

La vida moderna nos llena de actividades y podemos considerar una pérdida de tiempo el dedicar media hora a nuestros niños, pero para ellos es indispensable y necesitan la presencia de sus padres en tiempo presente, es decir, que estén con ellos sin pensar en compromisos de trabajo o problemas personales.

Es un tiempo y espacio exclusivos para ellos, para disfrutarlos y disfrutar con ellos, y que se sientan atendidos y felices.

LA DEMANDA EXCESIVA DE ATENCIÓN

Si un niño desea que papá o mamá esté constantemente jugando con él, dedicándole tiempo o simplemente observando lo que hace, es un indicativo de que no tiene la atención debida y la está demandando de manera inadecuada. Por lo general, esta demanda excesiva impide que los padres realicen sus actividades normales, causando molestia y complicando la relación y pudiendo derivar en un problema de agresividad, si no es atendido a tiempo.

En el capítulo 4 hablamos de la necesidad de normas, la aplicación de consecuencias y los beneficios de tener un horario para que realicen sus actividades diarias.

Si existe el problema de demanda excesiva de atención, crearle un horario al niño y poner todo el empeño para que se cumpla puede ser de mucha ayuda para estar al pendiente de que realice sus actividades sin tener que estar con él todo el tiempo. No obstante, cuando llegue el tiempo de jugar o estar con él, es importante concentrarse de lleno en esa actividad y disfrutarla para que sienta que se le da atención de calidad y se sienta cómodo, seguro y sostenido.

Asimismo, existe un método para trabajar problemas de conducta con los niños, llamado PECES (**P**adres **E**ficaces **c**on **E**ntrenamiento **S**istemático), en el que se maneja el problema de la demanda excesiva de atención con un formato de seguimiento de avances semanal. Las escuelas podrían apoyar en esta labor organizándose para llevar un entrenador que capacite a los padres de familia en este método, pues algunas escuelas privadas lo han utilizado para mejorar la conducta de sus alumnos, con buenos resultados.

EL JUEGO EN LAS ESCUELAS

Los métodos educativos que se apoyan en el juego facilitan el proceso de aprendizaje. En algunos de ellos se transforma el aula tradicional en un salón de juegos donde las clases se viven, los conocimientos se reafirman llevándolos a la práctica y la creatividad se desarrolla a la par de los sentidos: tacto, gusto, olfato, vista y oído.

Es evidente que la gran mayoría de las escuelas no están preparadas para tener aulas donde el conocimiento se transmita de manera lúdica, pero ¿qué pueden hacer las escuelas tradicionales respecto al juego?

Lo primero sería marcar una clara distinción entre:

a) Ejercicios de activación física
b) Deportes
c) Juegos

Los ejercicios de activación física se han convertido en una necesidad en nuestra sociedad debido a los problemas de sedentarismo y obesidad presentes en nuestra niñez. Sin embargo, aunque su práctica es benéfica, no se consideran juegos porque no todos los niños los disfrutan o gustan de ellos.

En cuanto a los deportes, tanto directivos como maestros de las escuelas son partidarios de tener equipos deportivos, pero es necesario preguntarse si los niños tienen el mismo amor o entusiasmo por el deporte. La respuesta no siempre es positiva, puesto que no todos los niños tienen grandes habilidades para ello.

De acuerdo con la teoría de las Inteligencias Múltiples de Gardner, para destacar en los deportes se debe tener desarrollada la inteligencia o capacidad corporal-cinestésica.

Por consiguiente, es necesario preguntarse también si las escuelas trabajan para desarrollar las habilidades deportivas de los alumnos o no.

Algunas escuelas hacen una excelente labor en este sentido, pero otras se enfocan en un entrenamiento estándar que obviamente aprovecharán mejor los que tienen más habilidades.

Pero, incluso si cambiara la forma de hacer deporte para encauzar mejor a todos los niños en el aspecto corporal-cinestésico, es indispensable saber si se trata del tipo de juego o diversión que ellos necesitan.

Por otro lado, al momento de estar escribiendo los últimos capítulos de este libro tuve la oportunidad de ver un programa en el canal *Discovery Home & Health* titulado *La infancia perdida*, en el que tratan el tema del juego en la niñez actual.

El juego libre, sin estructura, sin la supervisión de los adultos, es algo que prácticamente se ha perdido en nuestra sociedad. El mismo portal de Internet de la cadena Discovery comenta sobre este programa:

> Hasta ahora, lo que sabíamos sobre esto era la evidente conexión entre la falta de ejercicio y los problemas físicos como la obesidad. Pero hoy en día, investigaciones asombrosas comprueban que hay un claro vínculo entre la falta de juego y la ansiedad, la depresión, la autoestima, la memoria, el desempeño académico, el *trastorno por déficit de atención con hiperactividad [TDAH]*, las destrezas del lenguaje, la habilidad para tomar decisiones, la creatividad, la velocidad en los procesos mentales y el desarrollo del lóbulo frontal del cerebro (Discovery Press Web, 2015).

El programa muestra cómo especialistas en juegos infantiles realizan estudios que señalan que, una vez que se permite a los niños jugar libremente en el recreo, poco a poco se activa el entusiasmo por el juego, el compañerismo y, en muy poco tiempo, se empiezan a notar los buenos resultados en las aulas, pues mejora tanto el comportamiento como el desempeño.

Lo más sorprendente es percatarse de que materiales tan simples como cajas de cartón en desuso pueden activar el juego y la creatividad en los niños provocando cambios favorables en las aulas.

Sin duda, este tipo de investigaciones debe ser tomada en cuenta por los maestros y directores de escuela para incluir el juego libre como parte integral de la vida escolar, por supuesto, sin descartar las competencias deportivas que tantas satisfacciones dan a las escuelas.

Los juegos en casa y otros espacios

La televisión, películas y videos infantiles

En el capítulo 3, se habló sobre la televisión como forma de divertir a los niños. En este capítulo volveremos a abordar el tema, aunque de manera distinta.

El ser humano comienza su aprendizaje desde que inicia su vida en el vientre de la madre a través de los sonidos que escucha o de las emociones que esta le transmite. Posteriormente, al nacer, los bebés aprenden de los gestos de los padres, de sus movimientos y de la interacción con ellos.

En este proceso de aprendizaje temprano, es ideal que ni la televisión, ni las películas y videos educativos infantiles intervengan en él, sobre todo en el momento en que se aprende el lenguaje. La razón es que los bebés necesitan ver cómo el padre, la madre y los demás familiares pronuncian las palabras, mueven los labios, los gestos que hacen, cómo dicen algo de una o de otra manera, para después ellos repetirlo de la misma forma.

Es común que los programas de televisión, las películas y los videos educativos infantiles sean producciones extranjeras y estén doblados al idioma local. Por ello, cuando el niño está aprendiendo a hablar, ver este tipo de programas o videos puede ser confuso pues no existe una relación entre los sonidos y los movimientos de la boca y el rostro, y esto provoca un retraso en el proceso de aprendizaje. En consecuencia, algunos expertos en problemas del habla recomiendan dejar estas herramientas para cuando el niño ya haya logrado avances importantes en el dominio del lenguaje.

Por otro lado, muchos programas tienen un ritmo muy acelerado para los cerebros inmaduros de los bebés.

Al respecto, un reciente estudio de la Universidad de Virginia en Estados Unidos advierte que:

> Las series infantiles que son extremadamente fantásticas y con un ritmo muy intenso, como *Bob Esponja,* pueden provocar problemas de aprendizaje y déficit de atención en niños menores de cuatro años. Para el estudio publicado por la revista *Pediatrics,* se seleccionaron 60 niños menores de cuatro años que fueron divididos al azar en tres grupos: el primero vio

Bob Esponja, el segundo *Caillou*, (una serie más realista y con un ritmo más lento) y el tercer grupo se dedicó a dibujar. Después de nueve minutos, los niños realizaron diferentes pruebas de destreza mental. Los que vieron la serie del famoso personaje amarillo presentaron una capacidad de prestar atención, solventar un problema y moderar su comportamiento menor que la de aquellos que vieron *Caillou* y este último grupo apenas tuvo diferencias con los niños que dibujaron.

Por lo tanto, la televisión no debe ser utilizada como niñera, el riesgo es muy alto porque pondrá mucha programación en la mente plena de plasticidad de los niños. En la actualidad, la televisión explota al máximo la violencia y el sexo, y ambos se muestran sin ninguna regulación en horarios estelares. Además, las telenovelas han tomado lo peor de nuestra sociedad y lo exhiben una y otra vez, por lo que los niños son vulnerables a recibir su influencia. En general, la televisión puede originar, entre otras cosas, que los niños adopten creencias erróneas, una deficiente orientación sexual, patrones inadecuados de conducta, el deseo inconsciente de llevar una vida acelerada, malos hábitos alimenticios, indiferencia por la violencia y que reciban imágenes y hechos impactantes sin una explicación que les ayude a procesarlos adecuadamente.

Esto indica que es necesario que los padres decidan a qué edad permitirán a sus hijos ver televisión, cuánto tiempo al día y qué programas, pues solo de esta forma podrá tomarse algo positivo de este medio de comunicación.

LOS VIDEOJUEGOS SÍ, PERO CON MODERACIÓN

Se ha comprobado que los videojuegos, en cualquiera de los dispositivos disponibles (consola, dispositivo de mano, computadora, celular) pueden ayudar a despertar capacidades en los niños, siempre y cuando sean utilizados con moderación. Si se utilizan en exceso pueden provocar problemas físicos en las manos, en la postura, problemas de la vista, desinterés por hacer las tareas, por otro tipo de juego, por el contacto con la naturaleza, además de desarrollar malos hábitos y problemas de comportamiento.

Para evitar estos problemas, es conveniente poner un límite al tiempo diario de uso de estos juegos y ser muy estrictos en el cumplimiento de los horarios establecidos. Asimismo, es fundamental seleccionar los videojuegos de acuerdo con la edad y acercarse ocasionalmente a los niños cuando estén jugando, para confirmar que utilicen solo los juegos permitidos.

INTERNET Y LAS REDES SOCIALES

La cantidad de información que hay en Internet representa una oportunidad excelente para que nuestros hijos conozcan y se abran a un mundo nuevo.

No obstante, hay que educarlos para que eviten sitios que son inadecuados para ellos y explicarles con claridad lo que no deben ver, para que se muevan dentro de los límites permitidos.

Por otro lado, las redes sociales han llegado para transformar y unir al mundo, pero es importante cuidar a nuestros hijos de los efectos nocivos de estas redes, como ser víctima de quienes las utilizan para contactar a menores de edad con fines ilícitos. Es indispensable estar al pendiente de cualquier cambio en el comportamiento de tu hijo para evitar que sufra un chantaje o fraude cibernético, pues los niños tienden a confiar más que a desconfiar.

Mientras el niño tenga edad corta, los padres pueden sentirse en completa libertad de acercarse a ver lo que está haciendo en la computadora. En la adolescencia, irá requiriendo privacidad, pero la confianza y comunicación serán las herramientas básicas para mantenerlo a salvo de las amenazas del mundo virtual.

LOS CUENTOS E HISTORIETAS

La lectura ayuda a desarrollar ciertas actitudes como la creatividad, el aumento de la imaginación, la capacidad de concentración, el desarrollo del sentido crítico, y mejora la competencia lingüística. Además, los niños aprenden que es una buena forma de divertirse.

Tener una buena selección de cuentos es algo que cualquier niño disfrutará en la primera infancia, para luego encauzarlo a leer historietas o revistas que lo diviertan y le cultiven el hábito de la lectura. Para lograrlo, es necesario hacer una cuidadosa selección de libros, para evitar que lean aquellos que se enfocan en la violencia, que tengan temas poco apropiados para ellos o que utilizan lenguaje inadecuado.

JUGUETES DE TODO TIPO

Lo esencial a la hora del juego es que los niños disfruten sus juguetes. Sin embargo, tienen que elegirse los juguetes idoneos, de modo que no todos sean electrónicos y automáticos, pues su función deberá permitir que desarrollen su imaginación, la memoria, la inteligencia, el habla o propiciar su desarrollo físico. No es necesario que tengan muchos juguetes. Tratar de llenar a los niños de juguetes o de comprarles siempre el último juguete que haya salido al mercado, les impedirá aprender a apreciarlos y limitará sus formas de juego.

Con pocos juguetes aprenderán a desarrollar la imaginación para mantenerse entretenidos con ellos y, si abandonan sus juguetes para estar enfocados en los juegos electrónicos, será necesario definir una hora para que jueguen con ellos y apagarlos cuando no deban utilizarse.

JUEGOS AL AIRE LIBRE

Los juegos al aire libre son las actividades que más ayudan a que los niños se desarrollen en los aspectos físico y social. Este tipo de juegos les permiten realizar acciones básicas para conocer el mundo que lo rodea, como explorar, moverse, socializar y crecer. Además, el contacto con la naturaleza ayuda a que los niños aprendan a cuidarla y, por lo tanto, aprendan a interactuar con otros niños al desarrollar la empatía.

Muchos padres evitan las actividades al aire libre porque consideran que los niños están expuestos a la suciedad y existen riesgos para su seguridad, como que se lastimen o estén en contacto con personas extrañas. Sin embargo, permitirles jugar en la tierra o con lodo de vez en cuando o socializar con otros niños, les traerá más beneficios que perjuicios.

Además, el juego al aire libre no necesita de dispositivos sofisticados ni aditamentos especiales, basta con tener un patio amplio y arbolado en casa, un parque cercano, asistir a lugares recreativos como balnearios y parques públicos o salir de vacaciones a la playa o al campo, para poder interactuar con la naturaleza y divertirse.

El enfado: parte normal del juego

Al realizar cualquier actividad, ya sea profesional, escolar, deportiva o un simple juego, el ser humano es propenso a la frustración y al enfado cuando no logra su objetivo.

Es normal, por consiguiente, que en ocasiones los niños expresen enfado cuando están jugando.

Como padres, más que considerarlo una tarea agotadora, conviene pensar que esos momentos de enfado son una oportunidad para ayudarles a salir de ese estado emocional y enseñarles a manejar la frustración y a resolver problemas.

Sin embargo, si el enfado se empieza a hacer frecuente, hay que tomar cartas en el asunto porque puede ser el detonador de problemas de conducta importantes.

Por ejemplo, es bastante frecuente que caigamos en el juego de comprarle al niño todo lo que pide y que su forma de pedir algo más sea a través del enfado.

Si este es el caso, es necesario poner un alto a esta situación, pues es una señal de que poco a poco se está creando un vacío en el interior del niño que en determinado momento no podrá llenarse de forma alguna. Si la razón del enfado es otra, es indispensable hablar con él para averiguar qué es lo que lo pone en ese estado; así será posible ayudarlo a salir de él.

Las siguientes preguntas o frases pueden servir de guía:

- ¿Qué te gustaría hacer?
- ¿Quieres salir a jugar al patio?
- ¿Quieres que juegue contigo un rato?
- Juega con tus juguetes y más tarde iremos al parque.

Es sugerible que los padres no dejen de hacer sus actividades normales, aunque sí es posible reprogramar alguna tarea del hogar para sacarlo del enfado de vez en cuando.

Si la situación se complica se recomienda que los padres busquen ayuda profesional.

Los compañeros de juego: hermanos y amigos

Como ya se ha mencionado, el juego ayuda en el proceso de socialización de los niños, pues en él aprenden a diferenciar lo aceptable y lo inaceptable de nuestro comportamiento. Además, los menores necesitan tener amigos de su edad porque la interacción con ellos les ayudará a desarrollar empatía, cooperación, respeto, tolerancia, desprendimiento, negociación y muchas otras habilidades.

Las primeras personas con las que debemos aprender a socializar y a llevar una buena relación son nuestros hermanos, pero es indispensable que los padres entendamos que en este proceso es normal que existan conflictos. Por el contrario, la relación con los amigos es menos conflictiva y más amable. No obstante, está en nuestras manos ayudar a que se forme una buena relación entre hermanos. El libro *Educar hoy* de Po Bronson y Ashley Merryman, ya mencionado, incluye un buen capítulo sobre los problemas de las relaciones entre hermanos que será de utilidad en este proceso.

CAPÍTULO 10

LOS VALORES, LA ESPIRITUALIDAD

Los jóvenes hoy en día son unos tiranos. Contradicen a sus padres,
devoran su comida, y les faltan al respeto a sus maestros.
Sócrates

En la época moderna (como en la de Sócrates), los valores son una pre-ocupación fundamental de la sociedad; sentimos que se han perdido, especialmente en los adolescentes y los jóvenes; pero, como dice un buen amigo, Eduardo Vergara Lope de la Garza, "No se puede perder lo que no se tiene". Esto significa que, en realidad, no estamos enseñando valores a los niños de forma adecuada.

LA INFLUENCIA DE LOS MEDIOS DE COMUNICACIÓN

La crisis de valores que vivimos se da en un entorno social adverso para la familia, con medios de comunicación que trabajan constantemente en socavar las bases morales de la sociedad. Los programas, las series y las telenovelas con contenidos violentos, sexo explícito y lenguaje inapropiado son los de más éxito debido al condicionamiento que hemos recibido como sociedad. Millones de personas de todas las edades, incluso niños, reciben de los medios mensajes contrarios a la salud mental y emocional.

Mientras en los cines es obligatorio clasificar las películas por edades para impedir que niños y jóvenes vean aquellas cuyo mensaje no es apto para su nivel de madurez, durante un viaje en autobús es común que se proyecten películas para todas las edades aunque haya menores de edad. ¿Por qué no existe una regulación para las líneas de autobuses en este sentido?

Si bien Internet es un excelente medio de comunicación e informa-ción, pone al alcance de los menores páginas de pornografía, pues por lo general las computadoras llegan a los hogares sin un programa que filtre ese tipo de contenidos. En gran cantidad de páginas web que consultan los niños, con frecuencia aparecen mensajes e imágenes sexuales.

Ante este entorno adverso, el mayor error de los padres y maestros sería dejar de lado los valores, el amor y la espiritualidad.

Los valores en el hogar

Traten de estar más tiempo en casa. Los abuelos están en hogares para ancianos, los padres trabajando y los jóvenes… desorientados.
Madre Teresa de Calcuta

Los valores han de enseñarse en primer lugar en el hogar; los padres han de predicar con el ejemplo, han de ser precavidos desde la primera infancia de sus hijos en el manejo del lenguaje y en enseñarles lo que es socialmente adecuado y lo que no lo es, ya que la crisis de valores actual surge debido a las razones tratadas en este libro y a lo que ocurre en el hogar. Si los medios de comunicación hacen estragos en las familias es porque los padres lo permiten; en palabras de Víctor Hugo, "La familia es el espejo de la sociedad".

Los valores en la escuela

Aunque los valores se enseñan desde la educación preescolar hasta la preparatoria, la mayoría de las veces los resultados son insuficientes. Los maestros se esfuerzan en enseñarlos, pero no son aprendidos por los alumnos dado que no se llevan a la práctica.

Hace un par de años acudí a un evento donde un grupo de jóvenes nombrados "los campeones de valores", coordinados por algunos maestros, entre otras personas, explicaban lo que para ellos significan los valores. De toda la ciudad, a nivel secundaria, eran quienes mejor entendían y transmitían el significado de ese concepto. Algo que llamó mi atención es que en ningún momento se mencionó la palabra *amor*;

entonces me di cuenta de que como sociedad tenemos una gran carencia de ese sentimiento.

Por lo anterior, es importante que desde preescolar se refuercen los valores de manera divertida, mediante juegos, escenificaciones o ruedas de solución de problemas, para que este tema verdaderamente se comprenda y los niños generen empatía, compasión y amor incondicional por los demás. Eduardo Vergara Lope de la Garza, de la mano de empresarios y agrupaciones empresariales, está haciendo una gran labor al respecto en México; sus resultados son impresionantes y se multiplican con facilidad.

LOS VALORES Y EL AMOR

Los valores son resultado de la existencia de los diversos tipos de amor: el propio, el amor por los padres, por los hermanos, por quienes están alrededor; el amor a la ciudad, al país, a la escuela, a la profesión, a todo lo que existe, y el amor a Dios. Por lo tanto, la falta de valores refleja una falta de amor.

El tema del amor no suele tratarse cuando se enseñan los valores en la escuela, lo cual debería hacerse, ya que es importante. Una forma de trabajar los valores es a través de mandalas; los resultados son muy positivos.

LOS VALORES CON MANDALAS

Los mandalas son dibujos circulares; su tema se desarrolla a partir de un círculo alrededor del cual se forman más figuras concéntricas. Se puede trabajar con ellos al colorear algunos previamente diseñados o crearlos y pintarlos o simplemente al observarlos. Cualquiera de las tres opciones produce un efecto terapéutico en la persona. En esta ocasión se tratará la primera: pintar mandalas ya existentes.

Pintar un mandala hace que la persona se relaje y se conecte con su interior (alma o subconsciente), por lo que se puede aprovechar este momento para tocar su alma de manera sutil. El ser humano puede llevar a cabo varias tareas a la vez; de hecho, siempre lo hace aunque no sea consciente de ello; le es posible respirar, escuchar música, hacer una tarea y estar al pendiente de lo que hacen otras personas, entre otras funciones físicas que el cuerpo hace en automático. De esta manera, un grupo de personas logra escuchar música relajante mientras pinta un mandala, a la vez que se le transmiten mensajes importantes, en este caso mensajes positivos con el propósito de fijar los valores.

Cuando se lleva a cabo el primer ejercicio de este tipo y se escucha el primer mensaje, algunas personas levantan la cabeza para ver al interlocutor; en dicho caso hay que pedirles que se concentren en pintar el mandala, ya que ésa es la actividad principal y así como escuchan la música pueden escuchar los mensajes sin perder la concentración en el mandala.

Los mensajes emitidos deben ser concisos, expresarse con una voz suave y clara; debe haber una pausa entre cada mensaje para permitir su asimilación.

El estado contemplativo que se genera al pintar un mandala hará que la persona reciba los mensajes positivos sin resistencia. En este proceso podrá expresar, mediante los colores que elija, algunos problemas que hay en su interior respecto a lo que está recibiendo, lo cual le servirá para abrirse a cambios.

Lo aconsejable es elegir cada mandala de acuerdo con el tema que se esté desarrollando, hay muchos disponibles en Internet; en caso de no encontrar uno que tenga relación con el tema, se puede elegir otro que les parezca agradable.

Se sugiere probar esta técnica y observar si hay cambios en el comportamiento de los alumnos.

LA ESPIRITUALIDAD

La ciencia sin religión es coja y la religión
sin ciencia es ciega.
Albert Einstein

En su libro *Padres fuertes, hijos felices* Meg Meeker habla de la importancia de la espiritualidad, de hablarle a los niños de Dios. Y comenta que, según su experiencia de 20 años como pediatra, cuando los hijos tienen una buena espiritualidad, adquieren un mejor sentido de la integridad personal.

Si bien hay familias con una buena espiritualidad y estabilidad, hay otras con profundos conflictos y carencia de valores.

En muchos casos padres e hijos no hacen oración, siendo que orar antes de acostarse puede hacer la diferencia entre dormir bien o no para los niños. Y ya hablamos en un capítulo anterior del efecto que provoca dormir bien.

Muchas personas se han alejado de su parte espiritual debido al descontento con la religión que profesan; no se han dado cuenta de que la humanidad está teniendo un gran cambio en el que millones de personas han dado un vuelco a sus vidas gracias a que han encontrado un nuevo rumbo espiritual: católicos, cristianos, personas de otras religiones y hasta quienes se consideraban ateos han iniciado un gran cambio. Solo hay que abrir bien los ojos y observar las librerías para darse cuenta de la gran cantidad de libros de corte espiritual que se publican cada mes; observar cómo circulan correos electrónicos y textos en Facebook con temas de corte espiritual o la cantidad de redes sociales donde se tratan exclusivamente temas espirituales.

¿LA CIENCIA LO EXPLICA TODO?

En los últimos siglos, el mundo y la ciencia han cambiado de manera drástica su visión de la Tierra, del Sistema Solar, del Universo, de los seres humanos y de todo lo que existe, pero sería arrogante de nuestra parte pensar que estamos cerca de desentrañar todos los misterios del Universo.

A pesar de los grandes avances científicos, la humanidad está en pañales en cuanto al conocimiento científico: falta mucho por descubrir en física, en historia, en salud, en astronomía y en todas las disciplinas.

Es importante tomar todo lo bueno que brinda la ciencia, pues hay mucho que aprovechar, pero no se debe basar toda la vida y la confianza en ella, ya que es limitada y lo seguirá siendo. La ciencia podrá evolucionar, desentrañar los misterios de la vida y del Universo, pero hay descubrimientos por hacer para los siguientes cien y mil años.

Las creencias, las religiones

Hay muchas formas de llegar a Dios y todas son respetables; las creencias personales también son respetables.

Dentro de cada religión o creencia hay niveles de conciencia. Por ejemplo, hay seguidores del cristianismo cuya presencia provoca milagros y otros que no tienen respeto por la vida humana; pero en medio de éstos hay otros.

Algunos grupos étnicos o indígenas se han sumado a las grandes religiones mundiales, otros mantienen sus propias religiones o creencias. Hay personas que no se han sentido contenidos en ninguna religión y han decidido crear formas de experimentar la espiritualidad. Todo es respetable, mientras no cause daño a los demás.

El hábito de la oración

La oración es el acto de servicio más poderoso que puede realizar el ser humano porque no hay un límite para ello. Mediante la oración se han producido muchos milagros, muchas sanaciones. Quien logra conectar con la gracia de Dios a través de sus oraciones hace el mayor servicio a la humanidad.

Si no se tiene este hábito, es recomendable adoptarlo para poder enseñarlo a los niños.

El hábito de la meditación

Es conveniente hacer un espacio de cuando menos 15 minutos para meditar al final del día. Meditar significa entrar en nuestro silencio interior; al hacerlo, entramos en el dominio de nuestra conciencia, estamos en contacto con nuestro espíritu. Si los niños ven meditar a sus padres, les resultará más fácil aprender a hacerlo.

Lo ideal es hacerlo a una hora del día en que no haya interrupciones y en un sitio tranquilo.

PASAJE DE LA BIBLIA

Los niños de ahora son parte importante de un gran proceso de transformación del planeta Tierra.

35 Mas dirá alguno: ¿Cómo resucitarán los muertos? ¿Con qué cuerpo vendrán? **36** Necio, lo que tú siembras no se vivifica, si no muriere antes. **37** Y lo que siembras, no siembras el cuerpo que ha de salir, sino el grano desnudo, acaso de trigo, o de otro grano: **38** Mas Dios le da el cuerpo como quiso, y a cada simiente su propio cuerpo. **39** Toda carne no es la misma carne; mas una carne ciertamente es la de los hombres, y otra carne la de los animales, y otra la de los peces, y otra la de las aves. **40** Y cuerpos hay celestiales, y cuerpos terrestres; mas ciertamente una es la gloria de los celestiales, y otra la de los terrestres: **41** Otra es la gloria del Sol, y otra la gloria de la Luna, y otra la gloria de las estrellas: porque una estrella es diferente de otra en gloria. **42** Así también es la resurrección de los muertos. Se siembra en corrupción, se levantará en incorrupción; **43** Se siembra en vergüenza, se levantará con gloria; se siembra en flaqueza, se levantará con potencia; **44** Se siembra cuerpo animal, resucitará espiritual cuerpo. Hay cuerpo animal, y hay cuerpo espiritual. **45** Así también está escrito: Fue hecho el primer hombre Adam en ánima viviente; el postrer Adam en espíritu vivificante. **46** Mas lo espiritual no es primero, sino lo animal; luego lo espiritual. **47** El primer hombre, es de la tierra, terreno: el segundo hombre que es el Señor, es del cielo. **48** Cual el terreno, tales también los terrenos; y cual el celestial, tales también los celestiales. **49** Y como trajimos la imagen del terreno, traeremos también la imagen del celestial. **50** Esto empero digo, hermanos: que la carne y la sangre no pueden heredar el reino de Dios; ni la corrupción hereda la incorrupción. **51** He aquí, os digo un misterio: Todos ciertamente no dormiremos, mas todos seremos transformados. **52** En un momento, en un abrir de ojo, a la final trompeta; porque será tocada la trompeta, y los muertos serán levantados sin corrupción, y nosotros seremos transformados. **53** Porque es menester que esto corruptible sea vestido de incorrupción, y esto mortal sea vestido de inmortalidad. **54** Y cuando esto corruptible fuere vestido de incorrupción, y esto mortal fuere vestido de inmortalidad, entonces se efectuará la palabra que está escrita: Sorbida es la muerte con victoria. **55** ¿Dónde está, oh muerte, tu aguijón? ¿Dónde, oh sepulcro, tu victoria? **56** Ya que el aguijón de la muerte es el pecado, y la potencia del pecado, la ley. **57** Mas a Dios gracias, que nos da la victoria por el Señor nuestro Jesucristo. **58** Así que, hermanos míos amados, estad firmes y constantes, creciendo en la obra del Señor siempre, sabiendo que vuestro trabajo en el Señor no es vano.

1 Corintios 15:34 **1 Corintios** 15:35-58 1 Corintios 16:1

CAPÍTULO 11

UN TALLER PARA NIÑOS TDAH

Si la ayuda y la salvación han de llegar, solo puede ser a través de los niños. Porque los niños son los creadores de la humanidad.

María Montessori

El comportamiento de un niño que no se siente cómodo en una escuela puede modificarse radicalmente al cambiarlo a otra. Aspectos como estar con un maestro diferente, en una escuela con pocos niños o con otro método de enseñanza pueden motivar un cambio favorable. Bien vale la pena tomar en cuenta esta posibilidad. En caso de que no sea posible por razones económicas, porque no hay otra escuela en la zona o porque no se encuentra una escuela que parezca mejor, llevar a cabo algunas prácticas con el niño en el hogar puede ser de mucha ayuda, pues no basta con que él cambie, tiene que cambiar la dinámica en casa si se desea obtener avances contundentes y permanentes.

En octubre de 2010 empecé a experimentar con algunas herramientas para crear un taller práctico-lúdico con el objetivo de mejorar la conducta y el aprovechamiento escolar de los niños. Después de algunos meses de implementarlo, ver los resultados y hacer ajustes, quedó definido un formato de taller cuyo contenido comparto en este libro para que puedan diseñarse e implementarse proyectos similares en otras ciudades.

UN TALLER CON HERRAMIENTAS BIOINTELIGENTES

Los niños y jóvenes de hoy aprenden mejor si en su enseñanza hay sonido, color y movimiento. Esta es una de las premisas básicas del proyecto Pedagooogía 3000, fundamentado en una amplia investigación de los sistemas educativos que dan mejores resultados, hecha por Noemí Paymal. De modo que un objetivo del taller es que los niños y jóvenes se diviertan mientras son atendidos, para lo cual se utilizan las herramientas biointeligentes.

Las herramientas que se han integrado al taller son:

- Relajación
- Escucha consciente
- Gimnasia cerebral fusionada con la terapia del canto
- Pintar mandalas
- Juegos, lecturas selectas, cuentos, etcétera

Esta combinación de prácticas es muy efectiva; algunos serán beneficiados por la relajación, otros por la escucha consciente, la gimnasia cerebral, la terapia del canto, la armonización que provoca la música utilizada de fondo en las actividades, los mensajes que reciben al pintar los mandalas o el amor que el guía ponga al dirigir las prácticas.

De esta forma queda claro que cada ser es único, especial, y responde favorablemente al ser estimulado con lo que necesita, mientras trabaja de manera grupal y avanza con rapidez, como lo exige la actual emergencia que vivimos con los niños y jóvenes.

Estructura general del taller

Para adaptarnos a los tiempos libres de las escuelas y a la disponibilidad de tiempo de las familias, se estructuró un taller práctico-lúdico de tres sesiones semanales de una hora de duración y que se puede administrar de diferentes maneras, por ejemplo: lunes, miércoles y viernes o martes, jueves y sábado. Para obtener buenos resultados se recomienda llevar a cabo el taller durante varias semanas, de preferencia tres meses, pues aunque la mayor parte de los niños comenzará a mostrar resultados importantes después de un mes de trabajo, el resto los reflejará hasta dos o tres meses después.

El taller se imparte en dos grupos, uno para niños de seis a ocho años y otro para niños de nueve años en adelante, de manera que es posible flexibilizar las dinámicas según el rango de edades. Asimismo, en caso de requerirlo, es posible adaptar el taller para niños de preescolar.

La estructura general para ambos grupos es la siguiente.

1. Relajación mediante la respiración acompañada con movimientos de las manos para soltar energía, y dos golpes de EFT (técnica de liberación emocional). Es necesario poner música relajante de fondo y acomodar a los niños en un círculo al momento de hacer los ejercicios.

2. Dos sesiones de escucha consciente, que consiste en escuchar música clásica y hacer movimientos alternados con las manos. Las piezas que se utilizan son "Amanecer", de Edvard Grieg, durante las primeras dos semanas, y "Cavalleria Rusticana", de Pietro Mascagni, durante las siguientes dos semanas; posteriormente se utilizan ambas piezas (por dos semanas).

Mientras escuchan la música se ponen retos como hacer movimientos de escucha consciente sin ver las partituras. Para trabajar esta dinámica con niños de preescolar se debe tener acceso a partituras más simples.

3. Ejercicios de gimnasia cerebral apoyados con dos canciones de terapia del canto, de Alberto Kuselman. Hay que escribir las letras de las canciones en un cartel, de modo que los niños que ya saben leer puedan cantarlas con facilidad; los niños que aún no leen aprenden a cantarla escuchando a los demás.

Para complementar se recomienda llevar a cabo ejercicios como el gateo cruzado, el espantado y la tarántula, así como otros movimientos que permitan desarrollar la lateralidad. Los movimientos deben integrarse como si se tratara de una coreografía, incluso se pueden ejecutar como una danza circular, y se recomienda introducir variantes conforme pasen las semanas. Para reforzar la autoestima se propone usar la canción "Amo la vida", y para recordar la conexión con todos los seres vivos, la canción "Niño salvaje". En caso de requerir otras opciones se sugieren las canciones "Gracias, Pachamama" y "Si comienzas el día en silencio".

4. Dedicar media hora para pintar un mandala con música relajante de fondo. Si el mandala se presta para ello, hablar sobre su significado para fijar temas como el amor, el perdón, la generosidad, la compasión, la armonía, la alegría, el amor a la naturaleza, etc. En caso de lo anterior, debe usarse un tono de voz suave para no distraer a los niños y procurar que los mensajes sean cortos, espaciando el tiempo entre cada uno.

Conviene preparar un bloc con mandalas para niños pequeños y otro para niños grandes; para ello hay libros y sitios de Internet de donde se pueden descargar.

Esta actividad requiere más preparación, pues hay que tener las copias de los mandalas de la semana para cada grupo de niños y revisar que haya suficientes sacapuntas y cajas de colores. Los niños pondrán su nombre y la fecha en el mandala; en caso de que no sepan escribir, lo puede hacer el guía del taller.

Los mandalas son organizados y analizados periódicamente por el guía, para determinar si hay necesidad de hacer ajustes en el trabajo con algunos niños.

Conforme transcurran las semanas y vayan pintando los mandalas, los niños sacarán lo negativo; esto será notorio, pues al principio utilizarán con frecuencia el color negro, que después será erradicado; asimismo, habrá quienes dejen el centro sin pintar, lo que corregirán en pocas sesiones; después de dos meses de trabajo, los mandalas serán muy bellos.

Si algún niño retrocede, se requiere investigar qué está pasando, qué ha cambiado en su entorno. La información obtenida con los mandalas permite al terapeuta trabajar con diferentes métodos, aunque es posible continuar con el mismo proceso.

5. Para los más grandes se agregan actividades cada cierto tiempo, como invitar a una persona para que toque el tambor y hacerlos bailar o trabajar con las danzas liberadoras.

6. Para los pequeños, antes de pintar el mandala, se hacen ejercicios de gimnasia cerebral (ejercicios sugeridos por Luz María

Ibarra) con el fin de reforzar con el fin de reforzar la lectura y la escritura; esto se hace de la siguiente manera y con música de fondo.

a) Preparar hojas de buen tamaño con ochos horizontales y pegarlas en la pared para que los niños hagan el ejercicio de gimnasia cerebral correspondiente.

b) Preparar hojas para hacer los ejercicios de atención 1 y 2.

c) Hacer los ejercicios de "Nudos", "Peter Pan", "Grito energético", "Elefante", etcétera.

ACTIVIDADES COMPLEMENTARIAS

En caso de que algunos niños terminen su mandala antes, es importante darles una actividad adicional para que no interfieran en la concentración del grupo. Algunas propuestas son que pinten otro mandala o que lean un cuento; para ello se pueden usar los libros *Dios para locos bajitos*, de Enrique Barrios; *Cuentos con alma*, de Rosario Gómez, y *Yo creo, yo soy*, de Louise L. Hay y Kristina Tracy. Si todo el grupo terminó antes, se puede contar un cuento, conversar acerca de los valores o llevar a cabo algún juego en el caso de los pequeños, y hacer un ejercicio de meditación, una rueda para buscar soluciones de problemas u otra actividad con los grandes. Se debe tener especial cuidado al incluir juegos en el caso de los niños grandes, pues si algunos son muy activos pueden descomponer el orden del grupo con facilidad.

Se recomienda conectar a los niños con las fechas especiales del año, como Navidad, el día del amor y la amistad, el día del niño, el día de las madres, el día del padre, la entrada de las estaciones del año y los días patrios. Asimismo, conviene hacer una buena selección de música barroca, clásica y relajante para apoyar las diferentes actividades del taller.

Esta es la propuesta de un taller práctico-lúdico en el que se utilizan algunas herramientas biointeligentes para aumentar la atención, la concentración, la autoestima y para liberar problemas emocionales; su objetivo es lograr una mejora en la conducta y estimular el aprendizaje de los niños.

¿POR QUÉ PRACTICAR LA RELAJACIÓN?

La relajación permite entrar a un estado donde el ser se conecta con la paz interior. En Pedagoogía 3000 se habla de la teoría del Hemi-Sync del doctor Robert Monroe, donde con ejercicios muy sencillos se puede llevar al cerebro de un estado de ondas beta a un estado de ondas alfa obteniendo los siguientes beneficios:

- Eliminar tensiones y estrés.
- Disminuir la ansiedad.
- Estabilizar las funciones cardiaca y respiratoria.
- Aumentar la capacidad de concentración y de la memoria.
- Aprender a respirar correctamente.
- Inducir un estado de paz.
- Fomentar la salud.

El taller inicia con cinco minutos de relajación; el objetivo es que los niños aprendan a hacer este ejercicio en su vida diaria, por lo que se les explican algunos beneficios mientras lo hacen. La música relajante de fondo es necesaria para optimizar los resultados. Este tipo de técnicas de relajación pueden llevarse a cabo en las escuelas antes de que los alumnos ingresen al salón de clase; solo 5 minutos pueden hacer una gran diferencia en el aprovechamiento escolar.

LA MAGIA DE LA ESCUCHA CONSCIENTE

La escucha consciente o artesonido es una técnica en la que el participante hace movimientos alternados entre la mano izquierda y la mano derecha o con ambas manos, siguiendo el ritmo de la música y las "partituras" que han sido preparadas para que los movimientos sean acordes con los cambios de ritmo e intensidad de la música.

Esta escucha nace a partir de las aportaciones de Georgi Lozanov, educador y psicólogo búlgaro que creó la teoría de la sugestopedia mediante la cual se busca estimular el aprendizaje de manera consciente e inconsciente utilizando diferentes elementos como la música. El médico francés Alfred Tomatis también aportó sus ideas sobre la diferencia entre oír y escuchar que lo llevaron a crear su "Técnica de Reconocimiento Sónico", que es la base de un método terapéutico utilizado para solucionar el déficit de atención. Esto, más la musicosofía del rumano George Balan, que da un nuevo sentido al hecho de escuchar música al considerarlo un acto creativo, se convierte en la base de lo que conocemos actualmente como escucha consciente.

Hacer escucha consciente ofrece los siguientes beneficios:

- Desarrolla la concentración y atención.
- Incrementa el rendimiento académico.
- Disminuye las conductas agresivas.
- Potencia la percepción auditiva.
- Potencia la memoria.
- Desarrolla habilidades para la lectura.
- Desarrolla la autoestima.
- Incrementa el interés por participar.
- Disminuye el estrés.

Tomado de: http://www.yoeducadora.com/2008/02/artesofia-programa-de-potenciacion-creativa/, consultado el 20 de abril de 2015.

La escucha consciente es un excelente método para mejorar el aprovechamiento escolar y es sencillo probar su efectividad: basta con trabajar con ella por algunas semanas.

Llegará el momento en que el niño haga exámenes en la escuela y se verá el resultado en las calificaciones. Su efectividad en niños TDAH se ha comprobado una y otra vez, es muy extraño que falle, y en tal caso, es porque hay importantes problemas en el hogar que impiden que los beneficios se sostengan.

Las escuelas pueden seguir trabajando en el repaso de las materias o temas en los que los niños tengan complicaciones, pero solucionar los problemas de aprovechamiento de esta forma implica trabajar con el niño repetidas veces, con diferentes materias. En cambio, si en las escuelas se utiliza un método divertido, relajante y que el niño hace con gusto, como la escucha consciente, el resultado se verá reflejado en todas las materias. No hay que hacer repasos sino trabajar en que las capacidades del cerebro se amplíen para que los buenos resultados se den de forma "mágica"; menciono esa palabra porque así es como les parece a los padres que funciona la escucha consciente al solucionar los problemas de aprovechamiento.

EL *BRAIN GYM* (GIMNASIA CEREBRAL)
Y LA TERAPIA DEL CANTO

El *brain gym* o gimnasia cerebral es una práctica creada por Paul y Gail Dennison; se basa en movimientos específicos que estimulan el mejor funcionamiento del cerebro.

En México, el término Gimnasia Cerebral tiene registro de marca a nombre de Luz María Ibarra.

La terapia del canto fue creada por el psicólogo y músico argentino Alberto Kuselman; y menciona que el cuerpo humano es un instrumento de cuerdas y viento capaz de fluir libremente con nuestra voz. Ha creado canciones para provocar diferentes efectos en las personas, y, en esencia, retomar el equilibrio interior.

La gimnasia cerebral se ha utilizado en muchas escuelas y ha dado buenos resultados, así que era importante integrarla a este taller; para ello se fusionó con la terapia del canto con el propósito de hacerla divertida, potenciar su efecto, reforzar la autoestima y liberar los problemas de comunicación.

Los ejercicios de *brain gym* fueron tomados de *Aprende mejor con gimnasia cerebral*, de Luz María Ibarra, libro que todo maestro debe tener a la mano y del cual se sustrae el siguiente testimonio: "Trabajo con niños hiperactivos y usando en mis clases gimnasia cerebral he notado un avance significativo".

Los beneficios del *brain gym* están ampliamente documentados en dicho libro, así que es importante que se obtenga información de esta fuente.

PINTAR O COLOREAR MANDALAS

En un mandala los seres humanos experimentamos que no debemos
perdernos en el camino de la existencia sino encontrar la seguridad
en nuestro propio Centro.

C.G. Jung

Mandala significa círculo en sánscrito. El mandala es una representación pictórica que por lo general tiene un círculo en su centro y figuras concéntricas que armónicamente crean un pequeño universo donde se unen la realidad y la fantasía. Los mandalas están en todos lados, en todas las culturas, las épocas, las religiones, en todo el mundo; podemos encontrarlos en grandes construcciones, en el arte, en las artesanías. Forman parte del inconsciente colectivo.

Desde un punto de vista terapéutico, los mandalas se pueden crear, colorear u observar por algunos minutos; cualquier trabajo que se haga con ellos provocará un efecto positivo. Estudios realizados han determinado que colorear mandalas tiene tanto o más impacto en el desarrollo de la creatividad que crear dibujos libremente, porque cuando la persona se concentra en colorear un mandala con un diseño sofisticado, su cerebro crea redes neuronales que le permiten saber que es posible realizar lo que el mandala representa. Además, a la mayoría de los niños les gusta pintar, así que de verdad disfrutan esta actividad; en caso de que no les guste, es necesario motivarlos para que la encuentren divertida. Seguramente con la música relajante de fondo y una buena selección de mandalas, lo lograrán en el segundo o tercer mandala.

Es importante que los niños tengan disponibles al menos 12 colores para pintar sus mandalas y que utilicen colores de madera de buena calidad para que no pierdan el tiempo sacándoles punta. Si utilizan crayolas terminarán muy rápido la actividad y el efecto terapéutico será menor.

Al colorear mandalas, las personas de cualquier edad entran en una especie de estado meditativo; en ese momento su subconsciente se abre para expresarse a través de los colores y las formas del mandala, para recibir sanación a través de la música de fondo y para recibir mensajes de parte del guía que serán asimilados sin ofrecer resistencia. Con esta actividad un niño puede liberar un fuerte problema emocional, pero los resultados no son rápidos, por ello se recomienda que el taller dure por lo menos de dos a tres meses.

Anotar el nombre del niño y la fecha en que se hizo la actividad en el mandala es muy recomendable, ya que permite tener un registro del tiempo de avance en la solución de algunos problemas. En Internet se encuentran guías para interpretar la forma en que son coloreados los mandalas, pero un terapeuta experimentado podrá utilizar sus diferentes recursos para impulsar la transformación del niño de acuerdo con lo que observe en los mandalas. Es conveniente analizar los mandalas cada dos semanas, de esa forma se permite que las herramientas del taller y los mandalas trabajen por sí mismos. De ser necesario, a las dos semanas se puede dar algún refuerzo.

Se recomienda definir un mecanismo de comunicación con los padres; lo ideal es que, a la par que se trabaja con los niños, se hagan sesiones de trabajo con ellos; de esa forma, en vez de que haya ansiedad, angustia u otras emociones, se irá dando la liberación de sus emociones y aprenderán prácticas que les permitan atender mejor los problemas del día a día.

Si el guía del taller entrega mensajes suaves sobre un tema específico, el mandala estará ligado a este, de modo que su resultado tendrá que ver con las emociones, pensamientos y sabiduría del alma en relación con el tema. Si el tema son los padres y el niño pinta su mandala lleno de belleza y armonía, indicará una relación sana, pero si llena su mandala de colores oscuros y lo pinta en desarmonía, indicará que hay problemas en la relación con ellos.

Cada quien aprende y lleva sus procesos de manera diferente, por lo que es posible que un niño que ha perdido a uno de sus padres exprese una relación armoniosa con ellos, mientras que otro que tiene a sus dos padres y un hogar en equilibrio exprese una relación en desarmonía. Recordemos que cada niño es único.

A continuación se presentan algunos beneficios obtenidos al pintar mandalas.

- Estimulan la concentración.
- Desarrollan la creatividad.
- Provocan relajación.

- Liberan problemas emocionales.

- Mejoran la autoestima.

- Los temas tratados con mandalas permiten resolver dudas preocupantes.

- Mejoran las relaciones con los padres.

- Mejoran las relaciones con otras personas.

- Desarrollan el amor y la espiritualidad.

- Desarrollan la paciencia y otras virtudes.

CREA TU TALLER

Anímate a crear tu propio taller terapéutico para niños TDAH, reproduce este formato en tu ciudad o crea uno nuevo. Puedes consultar el libro *Pedagooogia 3000* e integrar otras prácticas compatibles con lo que ya dominas. Maximiza los resultados utilizando otras terapias, como la floral.

CAPÍTULO 12

EL TDAH Y OTROS TEMAS RELACIONADOS

Nos enseñaron a pensar en la competición, la lucha, la enfermedad,
los recursos finitos, la maldad, la culpa, la muerte, la escasez y la pérdida.
Y como empezamos a pensar en esas cosas, empezamos a conocerlas.
Marianne Williamson

Los niños están pendientes de todo lo que hacemos, todo lo que decimos, incluso de lo que sentimos, por lo que debemos ser conscientes de la forma en la que nos comportamos y actuamos frente a las cosas que suceden día a día, pues eventualmente afectarán a nuestros hijos. Tal como decía la madre Teresa de Calcuta: "No te preocupes porque tus hijos no te escuchen; te observan todo el día".

Al atender a niños en mis talleres, pude darme cuenta de que existen varias vertientes para entender y atender adecuadamente el trastorno por déficit de atención con hiperactividad(TDAH). Una de esas vertientes es que los problemas de los padres se reflejan en los hijos. Los niños se encuentran muy ligados a su mamá, desde el embarazo hasta los siete años aproximadamente, y aunque algunas veces están muy ligados a otro familiar, por lo general la madre ocupa un lugar primordial. De tal modo, sus problemas se convierten en problemas de los niños.

Hoy podemos encontrar niños con ansiedad, miedo, enojo, frustración, depresión, intolerancia, agresividad, evasión de la realidad, apatía, tendencia a la soledad, agotamiento, sentimiento de inferioridad, ausencias e incluso shocks parecidos a la epilepsia, y muchos de ellos son catalogados como TDAH. En consecuencia, es fundamental que las madres tomen en cuenta que si ellas caen en una situación de inestabilidad emocional y la mantienen por semanas, meses o años, pueden activar varios problemas en sus hijos y desencadenar el TDAH.

En este capítulo se tocarán algunos temas que, aunque conciernen a los padres, pueden afectar a los hijos si no se enfrentan o resuelven adecuadamente. Asimismo, estos temas pueden ser de interés para los maestros, pues forman parte activa de la educación y formación de los niños.

La culpa

La culpa es una de las emociones más destructivas. Ya sea culparnos a nosotros mismos, sentirnos víctimas de los demás y de las circunstancias o buscar culpables para nuestros "fracasos" o por lo mal que nos sentimos, la culpa nos autodestruye, reduce nuestra autoestima y empaña nuestras relaciones y nuestra felicidad. Al experimentar este sentimiento es frecuente llegar a la negación. Es tanta la culpabilidad que se convierte en una losa cuyo peso es insoportable, al punto de considerar que la única forma de sobrevivir es negando las acciones, emociones y pensamientos que nos han llevado a tal situación. Asimismo, no saber cómo resolver o superar esos "errores", nos lleva a considerar que es mejor ignorarlos o minimizarlos, hasta que negamos incluso que sentimos culpa. Esto es lo que pasa con algunas madres: prefieren vivir en la negación pues reconocer los problemas y los "errores" resulta doloroso y no encuentran la forma de salir de ese laberinto.

Asimismo, debemos tener en cuenta que la culpa es derivada del miedo y reconocerlo nos ayudará a reconocer nuestra oscuridad y a la vez encender una pequeña flama que puede abrirnos la puerta a la verdadera felicidad.

Existen muchos métodos terapéuticos para liberar el sentimiento de culpa. El que me parece más sencillo es "El código curativo" de Alex Loyd y Ben Johnson, en el que es necesario trabajar la categoría de la "humildad" y algunas otras categorías para eliminar la culpa.

El divorcio de los padres

A nivel mundial, las tasas de divorcio se han incrementado dramáticamente. Durante este proceso, los niños son expuestos a muchos problemas propios de los padres que son manejados de forma inadecuada, ocasionándoles confusión. Por ejemplo, es común que después de un proceso de divorcio la madre entre en una profunda depresión que puede derivar en desatención a los hijos o provocarles problemas emocionales. Asimismo, la ausencia o lejanía del padre –a veces de la madre– después del proceso de divorcio es un factor desestabilizador para los hijos.

Un gran porcentaje de niños TDAH provienen de hogares desintegrados y al charlar con algunas mamás he confirmado que el niño estaba bien antes del divorcio y que el TDAH se activó durante o después de este suceso.

Por esta razón, ambos padres, y en especial las madres, deben ser conscientes de la gran influencia que sus acciones, emociones y pensamientos tienen en los hijos y hacer todo lo posible por cambiar su visión de la separación o del divorcio, para impedir caer en la desesperación, en la tristeza, la depresión o la ira sin control, pues cuanto más rápido se salga de la crisis, se mantendrá la salud emocional de los niños y se evitará que detone el TDAH.

Si ellos ven padres fuertes, con esperanza y aprendiendo de las experiencias, se sentirán seguros, protegidos y mantendrán su equilibrio interior. No obstante, si no se puede salir rápidamente de la crisis que ha ocasionado la separación, es necesario pedir ayuda profesional.

Asimismo, es importante que los conflictos que surjan debido a la separación, se solucionen fuera del hogar y lejos del alcance de los niños, y al regresar al hogar, se llegue con el corazón lleno de fortaleza y amor por los hijos.

El hogar desintegrado

Aunque el divorcio es la principal causa de los hogares desintegrados, hay otras razones, como el fallecimiento de uno de los padres o que alguno de ellos incurra en una adicción fuerte como el alcohol o las drogas.

El fallecimiento de uno de los padres o de un familiar muy cercano (abuelo, abuela, un hermano, etc.) debe ser manejado atinadamente en lo emocional y espiritual. En caso de que el niño cambie su comportamiento de manera importante después de un hecho así, es indispensable pedir ayuda a un profesional de la conducta para devolverlo a su estabilidad emocional.

Cuando son las madres quienes se quedan a cargo de un hogar desintegrado, suelen pasar muchas dificultades, pues a menudo tienen poco apoyo económico y se ven en la necesidad de trabajar largas jornadas para asegurar la subsistencia de la familia, disminuyendo el tiempo que dedican a los hijos. Si se rompe la armonía en cualquier aspecto para el niño: ausencia de uno de los padres, menos muestras de cariño, menor disponibilidad de recursos materiales o alimentos, o cualquier otro, el niño puede desarrollar los síntomas del TDAH en muy poco tiempo.

Ante el aumento de casos de niños con TDAH cuyos padres están divorciados, cabe cuestionerse si como sociedad:

- Debemos apoyar a las madres que se quedan sin apoyo económico después del divorcio.

- Debemos tener un programa preventivo del TDAH para aplicar en todos los niños de hogares desintegrados.

- Podemos reducir mucho la problemática a través de cursos antes del matrimonio, cursos para aprender a ser padres o talleres prácticos en las empresas para sostener los valores dentro de estas y en el hogar.

Depresión en los padres

La depresión es un problema que aqueja a muchas mamás y en menor medida a los papás. En la mayoría de las ocasiones se trata de madres divorciadas, separadas o viudas que de repente se ven sin pareja y frecuentemente con la necesidad de tener que trabajar para solventar los gastos del hogar.

También hay mujeres casadas que enfrentan problemas de pareja, o bien, sufren porque sus parejas están atadas a una adicción (alcohol, drogas, juego, u otras).

Sea cual sea la situación, lo mejor es aprender a trabajar los problemas adecuadamente y mostrar la mejor cara a los hijos. Si ellos se dan cuenta del sufrimiento de su madre o padre, es conveniente hablarles con claridad, aclarándoles que es un problema que ya se está solucionando y que no debe preocuparles.

Hay algunos libros interesantes que pueden ayudar a poner las cosas en perspectiva: *El amor de tu vida,* de Enriqueta Olivari, puede ayudar a salir más rápido de la depresión y a recuperar la autoestima, y *El mundo te está esperando,* de Louise L. Hay, que se dirige a mujeres que se enfrentan a la situación de ser cabezas de familia para ayudarlas a encontrar lo positivo de su experiencia, por difícil que parezca. En caso de que exista una adicción de por medio, el libro *Ya no seas codependiente,* de Melody Beattie, puede ayudar a desapegarse de esa situación, mientras que el libro *¿Qué hago durante los momentos difíciles de mi vida?,* de la doctora Evelyn Ramos Marcano, trata sobre el manejo de las pruebas duras que nos pone la vida. También hay terapias, cursos y talleres para aprender a salir de nuestros problemas rápidamente, ¡todos! Incluso los hay económicos, porque el mundo es un lugar generoso que provee recursos para todos, solo hay que saber atraerlos a nuestra vida.

Si se sufre depresión, es necesario atenderla de inmediato pues la estabilidad emocional de los seres queridos, y principalmente la de los hijos, está en juego. Existen opciones aunque no se tenga muchos recursos económicos. *El código curativo,* del doctor Alex Loyd y Ben Johnson, es una buena opción en estos casos, dado que presenta un método sencillo que ayudará a salir adelante en poco tiempo.

LA SALUD DE LOS PADRES

Como hemos mencionado, cualquier situación que afecte negativamente a los padres puede repercutir en la estabilidad emocional de los hijos. La salud física y emocional de los padres, sobre todo si sufren una enfermedad grave, no es la excepción, ya que la hipersensibilidad de los niños puede llevarlos a sufrir angustia, miedo, incertidumbre y ansiedad. Asimismo, si los adultos se salen de control ante las acciones del niño o si tienen problemas emocionales que los llevan a mostrar reacciones exageradas ante las acciones de los niños, tarde o temprano eso detonará un mal comportamiento en ellos.

Como padres, debemos cuidar nuestra salud integral, en lo físico, mental, emocional y espiritual. También es importante ser pacientes, mesurados, evitar reacciones exageradas ante las acciones inadecuadas de los niños, mantenernos sanos y atentos a lo que dicen y hacen, además de evitar caer en miedos constantes respecto a ellos y no sobreprotegerlos.

En este mundo acelerado es ya fundamental practicar la relajación de diferentes formas: respiración consciente, deporte, meditación, yoga, pensamiento positivo, terapias holísticas, contacto con la naturaleza, entre otras. Si en un momento dado sentimos que las situaciones de la vida nos rebasan, tener la responsabilidad de tener hijos, nos obliga a pedir ayuda profesional para solucionarlas pronto, pues solo toma algunas semanas o meses de atención inadecuada a nuestros hijos para que detonen los síntomas del TDAH.

LAS ADICCIONES

Las adicciones es un tema que preocupa a muchos padres respecto a sus hijos adolescentes o jóvenes, pero no es el punto de vista que trataremos en este capítulo. Las adicciones en los padres pueden ser un factor desestabilizador en un hogar y alcanzar a los niños, sacándoles de su balance, coadyuvando a detonar el TDAH y otros problemas.

Existen grados de adicciones dependiendo del alcance de afectación que tengan. El café, por ejemplo, aunque puede crear adicción en una persona, es un problema menor porque afecta a la persona misma elevando su presión arterial o alterando el sueño. El tabaco, por su parte, es una adicción más fuerte que puede afectar con gravedad la salud no solo de quien lo consume sino de las personas que conviven a su alrededor, por lo que la sociedad ya ha tomado algunas medidas para reducir su impacto negativo. No obstante, las adicciones que más afectan al hogar y a las personas son el alcohol y las drogas, dado que pueden provocar desatención y violencia hacia la pareja y hacia los hijos.

Existen otro tipo de adicciones como la adicción al uso de aparatos electrónicos como la computadora, celular y videojuegos; a las redes sociales como Facebook, o a los juegos de azar. Estas adicciones se han despertado en los últimos años con la proliferación de la tecnología y la autorización de casinos en muchas ciudades.

Ahora, muchas organizaciones trabajan las adicciones al alcohol y las drogas, pero poco se hace aún con las nuevas adicciones, por lo que es necesario que los padres comprendan que utilizar de manera excesiva herramientas como Facebook, al punto de desatender a los niños, puede ser un factor detonador del TDAH.

Hace poco me llegó un mensaje que decía: "¿Qué es la vida? Es eso que transcurre mientras estás conectado a Facebook". No debemos permitir que nuestra vida se vaya y perdamos la oportunidad de disfrutar y educar a nuestros niños.

EL DESEMPLEO

La situación económica actual y la falta de empleos preocupan constantemente a los padres porque pueden afectar su estabilidad y la de su familia en cualquier momento. El estrés que genera el desempleo puede afectar la estabilidad emocional de uno o ambos padres y llevarlos a la depresión si el problema es mal manejado. Ante una situación así, es importante no perder la calma, evaluar objetivamente las opciones que se tienen, las oportunidades reales y, en caso necesario, ajustar el tren de vida de la familia, hablando primero con la pareja y luego con los hijos.

Todos los inconvenientes que surjan a lo largo de nuestra vida deben tomarse como una oportunidad de vida y no como problemas difíciles de resolver. Hay muchos libros, videos, cursos y talleres que tratan el tema de la prosperidad que servirán de ayuda para encontrar una nueva fuente de abundancia, la cual, aunque no sea igual a lo que se tenía antes, servirá de aprendizaje para la familia.

Recordemos que el mal manejo de cualquier adversidad puede hacer que los hijos se descontrolen, que se active en ellos el TDAH, o la agresividad o elijan el camino de las adicciones. Por esta razón es esencial mantener una comunicación efectiva con los hijos y mantenerse ecuánimes de forma que se sientan seguros y respaldados ante un reajuste en el tren de vida.

LO MATERIAL NO LO ES TODO

Aunque como padres pensamos que lo más importante en la vida es tener éxito laboral, poder cubrir la alimentación, tener ropa de marca, una casa grande, un buen automóvil, dinero para diversiones y dinero excedente para ahorrar, es necesario entender cuáles son las verdaderas cosas que a los niños le interesan:

- Tener juguetes.
- Que los padres se den tiempo para estar con ellos.
- Que los apoyen en sus tareas cuando lo necesiten.

- Que se den tiempo para asistir a los eventos escolares importantes.

- Que se den tiempo para salir a pasear con ellos.

- Que se den tiempo para vacacionar con ellos.

- Que se preocupen por sus problemas.

- Que se den tiempo para prepararles las comidas que les gustan.

No se debe caer en el error de creer que llenarlos de cosas materiales es suficiente y se debe evitar a toda costa llenar las agendas de compromisos sociales y dejar a los niños solos, al cuidado de una niñera todo el tiempo, o en compañía de la televisión y los videojuegos. No hay que olvidar que la desatención puede ser el inicio de problemas de conducta en los niños.

LA FALTA DE PAZ INTERIOR

Como los niños de hoy son hipersensibles, pueden percibir si a sus padres les falta paz interior, si están alejados de la espiritualidad o si tienen grandes insatisfacciones interiores. Todo ello puede detonar angustia en ellos. Por lo tanto, no hay que descuidar la parte espiritual, sino hacer oración, meditar, descansar, disfrutar de la vida, divertirse sanamente con amistades, divertirse en contacto con la naturaleza, llevar una vida en verdad plena donde los hijos jueguen un papel preponderante.

Si en uno de tus hijos surge el TDAH, busca libros, cursos y talleres de corte espiritual. Tal vez encuentres que el niño simplemente está reflejando un problema de sus padres, que no han sido capaces de resolver por estar involucrados en el día a día o por tener la mente llena de ruido. Pacifícate y pacificarás a tu niño.

EL TDAH Y OTROS PROBLEMAS

Los comportamientos más complicados para los padres y los maestros son la hiperactividad y la agresividad de los niños, pues provocan serios problemas en los salones de clase y en los horarios de recreo. La agresividad, por ejemplo, está detonando el problema del *bullying* (acoso escolar), tema que ha cobrado relevancia en los últimos años debido a casos críticos donde incluso algunos niños han perdido la vida.

Aunque el tema principal de este libro no es el *bullying*, es necesario hacer notar que es primordial que cada escuela tenga un plan bien definido para atender este problema y actúe de manera ordenada ante cada evento de acoso que se presente. Un niño hiperactivo puede llegar a ser como un torbellino y poner de cabeza un hogar o un salón de clases, pero cuando se tienen varios niños hiperactivos o agresivos en la misma aula, el salón de clases se vuelve un desastre y deja de ser un lugar donde prospere la enseñanza. En la actualidad ya tenemos casos extremos en algunas escuelas y aulas con cinco o hasta diez niños con TDAH, por lo que es muy difícil que un docente pueda desarrollar bien su trabajo en esas condiciones.

El modelo de enseñanza actual es inadecuado para atender el déficit de atención, la hiperactividad, la impulsividad y la agresividad. Muchas escuelas cuentan con un maestro de educación especial, pero quien tiene muchos otros tipos de asuntos que atender, como autismo, trastornos del habla, síndrome de Down, etc., por lo que es muy difícil que puedan dar una buena atención a todos los niños.

En el hogar la situación no es mejor. Los niños hiperactivos y agresivos son un gran dolor de cabeza para los padres y sencillamente no saben qué hacer con ellos o por ellos. Estos niños son muy especiales y exigen una atención diferente de sus padres. Tenemos que darnos cuenta de que algo estamos haciendo mal como sociedad, ya que se observa un aumento explosivo del TDAH. Confío en que a estas alturas, el libro haya ayudado a más de un padre a saber lo que ocurre con su hijo o en su hogar, de manera que tenga una lista concreta de acciones que pueda llevar a cabo.

Los padres necesitan poner atención especial a los niños en cuanto se observan las primeras señales de problemas repetitivos, y revisar primero sus propios comportamientos, tanto individuales como de pareja; luego, el trato que se le da al niño, si se le dedica tiempo en cantidad y calidad, para luego hacer algo diferente con él y observar los resultados.

Si ya existe un problema de importancia encima, se debe dedicar el tiempo necesario a solucionarlo. Comprender que una vida donde nuestros hijos se comportan de forma muy desbalanceada no es una vida sana sino un indicativo claro de que tenemos que hacer un alto en el camino;

comprender que podemos hacer algo más o algo diferente como padres, pues nuestros hijos son un espejo de su hogar.

Algunos profesionales de la salud están convencidos de que el TDAH es una enfermedad hereditaria. En lo personal, no creo que sea una enfermedad, mucho menos hereditaria, en la mayoría de los casos.

Casi todos los niños que he atendido vienen de padres que no han presentado los síntomas del TDAH en alguna etapa de su vida. Incluso, que haya escuelas que prácticamente desactivan el TDAH con su método de enseñanza o que un país como Finlandia lo prevenga con su método educativo también desmiente esta creencia.

No debemos acostumbrarnos a ver el TDAH como una enfermedad y como algo con lo que irreversiblemente tenemos que convivir como sociedad; si lo hacemos, estaremos reconociendo que seremos para siempre una sociedad enferma, con muchos hogares enfermos, porque los niños son el reflejo de la sociedad en que vivimos. Es mejor pensar que como sociedad tenemos algunos desbalances que podemos corregir para que nuestros niños estén bien y que no hemos llegado a un punto donde no haya solución.

Otros profesionales de la salud sostienen que el problema del TDAH está relacionado con la alimentación y que los aditivos químicos son los que detonan esta condición. Coincido en que la mala alimentación es algo que puede mantenerlos al filo de la navaja y a punto de disparar el TDAH en cualquier momento, pero, como ya se ha mencionado a lo largo del libro, son múltiples causas las que lo hacen.

Por otro lado, la gran tensión y estrés en el que vivimos no solo ocasionan problemas en casa, en caso de que se haya diagnosticado TDAH en alguno de nuestros hijos, sino también se vuelve un problema en los salones de clases, por lo que es importante hacer equipo con los maestros para encontrar solución a esta crisis. Por su parte, los maestros deben reconocer que, al haber cambiado los hábitos de la sociedad y ser partícipes de la formación de los niños a edades cada vez más tempranas, tienen una mayor responsabilidad y que representan el mejor ejército de salvación que hay en un país porque son quienes tienen contacto permanente con los niños y los padres.

Asimismo, en las escuelas de tiempo completo debe aprovecharse para trabajar con estos niños en formas creativas e innovadoras, y apoyar una gran transformación educativa desde abajo.

Hoy día veo que los padres culpan a los maestros y los maestros culpan a los padres, pero si éstos están realmente interesados en el bienestar de sus hijos, habrán de comprender a los maestros y pedirles ayuda, solicitar al director de la escuela que organice cursos de padres: sobre métodos para atender mejor a los niños, sobre alimentación sana, para eliminar el estrés; pedirle que implementen cambios en las aulas que ayuden a que los niños estén mejor. Es importante que los cursos se ofrezcan a precios adecuados al nivel socioeconómico de las familias cuando haya costos de recuperación.

EL CAMBIO GENERACIONAL

Conforme las personas maduran o se hacen mayores, es más difícil que se adapten a los cambios, a las distintas formas de pensar o de hacer las cosas. Es común ver que un abuelo o una abuela tienen dificultades para entender la situación actual del mundo, aunque la vean, aunque la vivan y los escuchamos decir cosas como "En nuestros tiempos teníamos diez hijos o más y no teníamos estos problemas. Las mujeres de hoy no saben educar a sus hijos".

Ellos observan la situación desde su sistema de creencias y no logran dar grandes aportaciones para poner orden en el hogar. Sin embargo, hay personas de edad avanzada con un gran sentido común que logran aportar soluciones para los conflictos del hogar sin necesidad de acudir a ayuda externa.

De la misma forma, los maestros que tienen varios años de jubilados tampoco pueden comprender los problemas que enfrentan los maestros en activo y los escuchamos comentar cosas como: "Cuando yo era maestro, si un alumno se portaba mal, de inmediato lo ponía en su lugar, ahora no saben tratar a los niños". Aunque algunos maestros jubilados no comparten este tipo de opiniones, son muchos los que lo hacen, yo mismo he sido testigo de diálogos entre un maestro jubilado y uno en activo y realmente son diálogos de sordos.

Estamos viviendo un cambio generacional, tanto en el hogar como en las escuelas.

En México, la mayoría de los maestros piensan constantemente en su jubilación; el sistema de recompensas creado por el sindicato de maestros hace que la capacitación sea vista como algo que se debe tomar para mejorar la posición escalafonaria, obtener mayores beneficios a futuro y un mejor sueldo en la jubilación. Además, se ha creado mucha reglamentación y burocracia en las escuelas que deja poco espacio para implementar cambios de fondo. La educación en el país necesita una transformación profunda y el actual estado de cosas más que favorecer, estorba a los cambios.

Ante esta situación, corresponde a los padres, a los maestros de avanzada y a los demás sectores de la sociedad empujar el cambio necesario para que los niños sean atendidos y educados de acuerdo con sus necesidades, que se reflejan en los comportamientos que a nuestros ojos parecen inadecuados, pero que en realidad son un espejo de los males de nuestra sociedad.

TALLERES PARA PADRES Y DOCENTES

Después de crear el taller para niños TDAH, investigué la problemática de los padres.

En este proceso llegaron a mis manos libros, cursos, talleres y solicitudes de terapias que me ayudaron a comprender por qué ocurren esos problemas y cómo pueden solucionarse.

Con la ayuda de mi amigo, el maestro Joaquín Enríquez Flores, logramos estructurar un curso-taller idóneo para padres-guías y otro dirigido a docentes-guías. La valiosa experiencia obtenida con todos estos talleres es, precisamente, la que representa la base de este libro.

En estos talleres lo que se busca es concientizar a las personas de que existe un camino alternativo para lograr una vida saludable, armoniosa y feliz. Incluyo un curso de Desarrollo del Poder Personal basado en las enseñanzas de Caroline Myss, quien después de trabajar con varios miles de pacientes encontró que nuestras acciones, emociones y pensamientos afectan nuestra salud y nuestra biología. Si se padece una enfermedad es probable que haya empezado por acciones, emociones o pensamientos en la dirección incorrecta. El libro de Myss, *El poder invisible en acción*, puede ayudar a comprender mejor esta propuesta, pues narra varias historias de la vida real.

Otros libros recomendados

La mejor forma de ayudarnos a resolver un problema es informarnos y buscar orientación para lograrlo. Cuando se trata de problemas relacionados con nuestros hijos, buscar información puede hacer la diferencia, por lo que en este apartado recomiendo algunos libros que serán de mucha utilidad ante cualquier desavenencia.

Para comprender por qué tenemos problemas y podamos vislumbrar la luz al final del túnel, la autora Marianne Williamson ha escrito el libro *Volver al amor,* que es un resumen de *Un curso de Milagros.* Consta de 365 lecciones para realizarse en 365 días (un año completo) con el fin de transformar tu vida y borrar del cerebro esos patrones de limitación que nos impiden sanar o ser felices.

El código curativo, de Alex Loyd y Ben Johnson, ya mencionado, ofrece un método sencillo y universal para liberarnos de cualquier dolencia, enfermedad o problema. Además, permite trabajar en tus propios problemas o en los de otras personas como tus hijos, esposos, familiares, y amigos. Una gran herramienta para lograrlo es la oración y no tiene límites.

Si tú, lector, eres padre o madre de un niño con TDAH, y estás dispuesto a hacer cualquier cosa por ayudarlo, poniendo en práctica las enseñanzas de este libro durante semanas o meses es seguro que obtendrás excelentes resultados.

CAPÍTULO 13

MÉTODOS PARA AYUDAR A LOS NIÑOS CON TDAH

*Las masas humanas más peligrosas son aquellas en cuyas venas
ha sido inyectado el veneno del miedo... del miedo al cambio.*

Octavio Paz

En este capítulo daremos un vistazo a algunos métodos que se utilizan para ayudar a los niños con trastorno por déficit de atención con hiperactividad (TDAH). Probablemente existen decenas o cientos de métodos de trabajo, pero los que mencionamos con seguridad ayudarán a más de un chico con este trastorno.

HERRAMIENTAS DE LA MENTE

En México ya se conoce la teoría de herramientas de la mente de Vigotsky, mejorada con el aporte reciente de Elena Bodrova y Deborah J. Leong. Esta teoría se ha difundido a nivel preescolar a través de la Secretaría de Educación Pública (SEP) (Derobmob.23@gmail.com). Po Bronson y Ashley Merryman señalan, en *Educar hoy*, que este método puede arrojar resultados extraordinarios en la educación si es adaptado de forma adecuada, de modo que los niños integren el conocimiento por medio de juegos donde se incluya la vida social.

En pláticas con padres, he podido constatar que el problema del TDAH en muchos casos se activó durante la etapa de preescolar y no hubo una forma efectiva de atenderlo a tiempo, por lo que cuando el menor pasó a la primaria, con varios años de presentar los síntomas, el trastorno se había vuelto más serio. Por lo tanto, es probable que en este nivel solo tenga que ponerse más atención en los problemas emocionales que presenten los niños para resolverlos en conjunto con los padres, antes de que generen condiciones como el TDAH o problemas como la agresividad.

Tenemos las herramientas adecuadas, solo hace falta mayor integración entre maestros, padres y niños para resolver el problema; que los maestros y los padres estén mejor informados y se mantengan en alerta permanente para detectar los síntomas del TDAH de manera temprana de modo que pueda ser desactivado con rapidez.

Estoy convencido de que el TDAH es más tolerado a nivel preescolar, pero se convierte en una dificultad mayor en la educación primaria, donde hay mayor énfasis en las evaluaciones y en los aspectos conductuales, el juego se deja para la hora del recreo y se adopta una educación más formal.

EL MÉTODO DE GLADYS VERACOECHEA

Gladys Veracoechea Troconis, psicóloga de origen venezolano radicada en Madrid, es autora del libro *El déficit de atención sin fármacos*. Una guía para padres y docentes, ya mencionado. Para mí es perfectamente entendible que pueda atenderse el TDAH sin fármacos, pero en algunos blogs he leído que el método de Veracoechea parece ser tan revolucionario que recibe fuertes críticas por atreverse a atender el asunto de esta forma.

En el libro, la autora documenta su experiencia en la atención de niños con TDAH; habla de realidades, no de posibilidades, pues son casos verídicos. Al igual que muchos, su método no es la solución perfecta a los ojos de muchos profesionales de la conducta o terapeutas, pero el hecho de que genere buenos resultados en prácticamente todos los casos y sin uso de fármacos lo hace un método digno de ser puesto en práctica por otros profesionales de la conducta.

Será maravilloso el día en que muchos psicólogos adopten la ruta que se les está mostrando.

Veracoechea afirma: "El TDAH no se puede curar, ya que no es una enfermedad, sino una condición presente en la persona; sin embargo, sus síntomas sí pueden ser minimizados mediante tratamientos adecuados". Este tipo de aseveraciones es suficiente para que algunos psicólogos o psiquiatras sientan que "se les mueve el tapete", lo cual es un indicativo de que trabajan atados a ciertos paradigmas que les impiden comprender que hay alternativas de solución sin fármacos para el TDAH.

Asimismo, esta psicóloga dice que "No existen tratamientos que sean varitas mágicas; el cambio real de un niño con TDAH implica un trabajo constante entre los padres, los maestros y los especialistas que lo atienden". En este sentido, su propuesta alternativa se basa en bioterapia más terapia cognitivo-conductual, lo cual hace necesario el involucramiento de los padres en el tratamiento. De igual forma, su tratamiento se basa en el trabajo conjunto de un neuropediatra, un bioquímico, un psicólogo y otros especialistas como un psicopedagogo, un logopeda, etc. Su propuesta también abarca la solución de problemas específicos de aprendizaje, de alteración de lenguaje o problemas de motricidad en los que el trabajo conjunto entre padres y maestros es clave para obtener los mejores resultados.

Este es un tratamiento adecuado para los profesionales de la conducta y los médicos tradicionales que quieran atender a los niños con un profundo respeto por su integridad física, mental y emocional, comprendiendo que el niño es un ser humano con derechos que deben ser respetados aunque no esté en condiciones de exigirlos.

Por último, su libro está estructurado en la modalidad de preguntas y respuestas con 100 cuestionamientos en los tres capítulos más importantes y está disponible para compra en formato electrónico (pdf).

EL MÉTODO DE LUA CATALÀ

Lua Català es una médico pediatra española que se ha inclinado por el uso de la homeopatía. Es autora del libro *Pediatría para los nuevos niños*, el cual es posible obtener de forma gratuita en formato pdf.

Si el libro y el método de la psicóloga Gladys Veracoechea generan polémica entre psicólogos y psiquiatras que tienen la mente atada a la medicación del TDAH, el libro de Català les parecerá más revolucionario, incluso herético. No obstante, es muy recomendable para pediatras, médicos homeópatas, profesionales de la educación, terapeutas holísticos, psicólogos y psiquiatras que muestren apertura a saber más sobre el TDAH y formas novedosas para ayudar a resolverlo.

Su método se basa en la homeopatía y en el reconocimiento de que los niños de hoy son diferentes. Se apoya en la medicina alternativa y en atender la parte emocional y espiritual de los niños y padres. Además, recalca la importancia de comprender que los problemas de los niños son síntomas de problemas en la familia, en la escuela y en la sociedad.

Aunque la visión de la doctora Lua Català coincide con la mía respecto a los nuevos niños y el TDAH, no puedo decir que su método sea mejor que el de Gladys Veracoechea, pues considero que ambos libros y métodos son valiosos porque dan resultados sin el uso de fármacos.

EL MÉTODO PECES

PECES no es un método específicamente creado para atender el TDAH, pero se está utilizando de manera exitosa para implementar cambios en la dinámica del hogar, donde los padres son los actores más importantes, pues son ellos los que cambian provocando cambios favorables en los niños.

Como ya se mencionó en capítulos anteriores, PECES es la abreviatura de *Padres Eficaces Con Entrenamiento Sistemático* y fue creado por los psicólogos Don Dinkmeyer y Gary D. McKay. En México es transmitido por la pedagoga Gabriela Philibert, a quien se puede contactar por medio de su página http://edu-k-tip.com. Asimismo, existe una modalidad para los maestros llamada MECES.

Lo interesante de este método, y el libro de igual título, es que tiene un enfoque práctico y resume el comportamiento inadecuado de los niños en cuatro pautas. Después, aborda los diferentes estilos de padres y atiende el tema de la estimulación en los niños.

También aborda la comunicación con los hijos, la necesaria disciplina en el hogar y otros temas complementarios. Asimismo, incluye un formato de seguimiento de los avances que los padres logran al implementar cambios en la dinámica del hogar.

Los problemas de los niños, como el TDAH y la agresividad, se activan ante otros problemas iniciales que suele pasan inadvertidos para los padres. Por consiguiente, este método es excelente para concientizarlos sobre las situaciones que influyen en la conducta de sus hijos y para adoptar actitudes diferentes con el fin de provocar un cambio favorable en éstos.

MÉTODOS TERAPÉUTICOS

A lo largo del libro he hablado del método terapéutico El Código Curativo, pero hay muchos más, como los siguientes:

- EFT O TLE (Técnicas de Liberación Emocional)
- Afirmaciones
- Constelaciones Familiares
- Reiki
- La Reconexión
- *Theta Healing*
- *Magnified Healing*
- Sanación con Ángeles
- Curación Cuántica
- *Matrix Energetics* (Matriz energética)
- Terapia de Polaridad
- Sanación Pránica
- Ho'Oponopono
- Biodescodificación
- El Código de la Emoción
- Biomagnestismo

Todos estos métodos ayudan tanto a los niños como a los padres a enfrentar cualquier tipo de problema o padecimiento, entre ellos el TDAH.

Conclusión

El amor no puede permanecer en sí mismo. No tiene sentido.
El amor tiene que ponerse en acción.

Madre Teresa de Calcuta

Espero que la lectura de este libro haya dejado una huella positiva en ti, querido lector. La prueba será que lleve beneficios a tus niños, a tu hogar, a tu vida o a tu escuela.

Son muchos los temas que se han abordado y muchas las recomendaciones ofrecidas. Para aprovechar lo recibido te sugiero hacer una lista de tres, cinco o 10 acciones que consideres que puedes llevar a cabo de inmediato.

Por ejemplo, puedes decidir:

1. Crear un horario para tu hijo para las tardes
2. Buscar ayuda con un terapeuta que maneje Flores de Bach
3. Aprender a hacer "El código curativo" para eliminar algunos problemas emocionales

O bien, puedes decidir:

1. Cambiar a tu niño a una escuela Montessori al inicio del nuevo ciclo escolar
2. Darle a tomar Alfa PXP Forte
3. Darle Omega 3
4. Entusiasmarlo para que aprenda a tocar un instrumento
5. Hacer oración con él por las noches.

Alternativamente, puedes elegir:

1. Leer el libro *Volver al amor,* de Marianne Williamson, para cambiar tu visión de la vida

2. Bajar Mandalas de Internet y hacer que tu hijo los coloree

3. Definir las reglas y consecuencias en casa

Si eres docente, puedes elegir:

1. Leer el libro *Pedagoooogía 300*0

2. Hablar con el director de tu escuela para proponer algunos cambios relacionados

3. Estructurar un curso para padres tomando como base algunos de los temas de este libro

4. Buscar herramientas para estimular la creatividad en tus alumnos de manera lúdica

5. Hacer algunos ajustes en la dinámica de tus clases para empezar a innovar

Si en verdad deseas provocar un cambio favorable en tus hijos o en tus alumnos, tienes que tomar acciones concretas. Tú eres el agente de cambio que tu familia, tu escuela, tu ciudad, tu país y tu mundo necesitan, el que tengas este libro en tus manos así lo indica.

Agradezco infinitamente la oportunidad que me has dado de entrar a tu vida.

BIBLIOGRAFÍA

Barrios, Enrique, *Dios para locos bajitos,* Sirio, Málaga, 2008.

Beattie, Melody, *Ya no seas codependiente*, Nueva Imagen, México, 2012.

Behrend, Genevieve, *Tu poder invisible*, Obelisco, Barcelona, 2008.

Braden, Gregg, *La verdad profunda*, Sirio, Barcelona, 2012.

Bronson, Po y Ashley Merryman, *Educar hoy*, Sirio, Barcelona, 2011.

Campbell, Don, *El efecto Mozart para niños*, Urano, Barcelona, 2001.

Campbell, T. Colin, *El estudio de China*, traducido por Editorial Sirio, Málaga, 2012.

Chávez, Martha Alicia, *Tu hijo, tu espejo*, Random House Mondadori, Mexico, 2004.

Dinkmeyer, Don y Gary D. McKay, *Padres Eficaces con Entrenamiento Sistemático*, American Guidance Service Incorporated, 1981.

Fundación para la Paz Interior, *Un curso de Milagros*, Colombia, 2007.

Goldman, Jonathan, *Los siete secretos de los sonidos sanadores,* Gaia Ediciones, Madrid, 2010.

Gómez, Rosario, *Cuentos con alma*, Gaia, Madrid, 2007.

González, Pérez, Carlos, *Veintitrés maestros de corazón*, Desclee de Brouwer, Bilbao, 2013.

Hay, Louise L., El mundo te está esperando, Ediciones Urano, México, 1997.

Hay, Louise L. y Kristina Tracy, *Yo creo, yo soy*, Diana, México, 2009.

Ibarra, Luz María, *Aprende mejor con gimnasia cerebral*, Garnik Ediciones, México, 1997.

Kuselman, Alberto, *Terapia del canto y de los vientos,* Kier, Buenos Aires, 2012.

Loyd, A. y B. Johnson, *El código curativo*, Edaf, Madrid, 2011.

Meeker, Meg, *Padres fuertes, hijos felices,* Ciudadela libros, Madrid, 2009.

Myss, Caroline, *El poder invisible en acción: actos de poder y generosidad que producen milagros,* Ediciones B, Barcelona, 2005.

Nelson, Bradley, *El código de la emoción,* Wellness Unmasked Incorporated, Mesquite, Nevada, 2007.

Olivari, Enriqueta, *El amor de tu vida,* Bubok Publishing, Madrid, 2010.

Ramos, Marcano Evelyn, *¿Qué hago durante los momentos difíciles de mi vida?,* Publicaciones Puertorriqueñas, San Juan, P.R., 2010.

Ramos-Paúl, Rocío y Luis Torres, *Niños desobedientes, padres desesperados,* Penguin Random House Grupo Editorial, España, 2012.

Suárez, Frank, *El poder del metabolismo,* Metabolic Press, San Juan, P.R., 2009.

Toro, José María, *Educar con el corazón,* Desclee de Brouwer, Bilbao, 2014.

Traveset, Mercé, *Educación emocional sistémica,* Autor-Editor, 2012.

Veracoechea, Gladys, *El déficit de atención sin fármacos. Una guía para padres y docentes,* Psimática, Madrid, 2008.

Williamson, Marianne, *El don del cambio,* Nueva York, Rayo, 2005.

DOCUMENTALES

La educación prohibida, Argentina, 2012.

SITIOS DE INTERNET

http://edu-k-tip.com.

www.pedagooogia3000.info/web/Files/Libros/DrShichida02.doc

www.pedagooogia3000.info/web/Files/P3000_Book_Tomo_I_web.pdf

http://www.educacionevolutiva.org/Surge.htm